Sabine Asgodom (Hrsg.)
»Halts Maul – sonst kommst nach Dachau!«

Erinnern wir uns an die
Vergangenheit und arbeiten
wir für eine Zukunft
in Frieden.

Sabine Asgodom

10.2.1983

Geschichte der Arbeiterbewegung
Texte – Biographien – Dokumente

Sabine Asgodom (Hrsg.)

»Halts Maul – sonst kommst nach Dachau!«

Frauen und Männer aus der Arbeiterbewegung
berichten über Widerstand und Verfolgung
unter dem Nationalsozialismus

Bund-Verlag

CIP-Kurztitelaufnahme der Deutschen Bibliothek

»Halts Maul – sonst kommst nach Dachau!« : Frauen u. Männer aus d. Arbeiterbewegung berichten über Widerstand u. Verfolgung unter d. Nationalsozialismus / Sabine Asgodom (Hrsg.). – Köln : Bund-Verlag, 1983.
(Geschichte der Arbeiterbewegung)
ISBN 3-7663-0593-X
NE: Asgodom, Sabine [Hrsg.]

© 1983 by Bund-Verlag GmbH, Köln
Lektorat: Gunther Heyder
Herstellung: Heinz Biermann
Umschlaggestaltung: Typografik Herbst, Köln
nach einer Idee von Sabine Asgodom
Fotos: Archiv der sozialen Demokratie / Friedrich-Ebert-Stiftung (1);
SPD-Archiv, Landesverband Bayern (1)
Druck: Georg Wagner, Nördlingen
ISBN 3-7663-0593-x
Printed in Germany 1983

Widerstand hat mit dem inneren Kompaß zu tun!
Willy Brandt

Inhalt

Was will dieses Buch?

Arbeiterwiderstand im 3. Reich – gab's den überhaupt? In den Schulen lernen junge Menschen nichts darüber, in den Medien wird dieses Thema kaum berücksichtigt. Widerstand gegen das Naziregime – wenn überhaupt, dann kommen uns Namen wie die »Weiße Rose« oder Stauffenberg ins Gedächtnis. Gab es für den »kleinen Mann« keine Möglichkeit, sich gegen den Naziterror zu stellen? Lauscht man den Erzählungen vieler alter Leute, müßte man diesen Eindruck gewinnen.

Aber es ging offenbar auch anders. Tausende Männer und Frauen haben das bewiesen. Sie haben aus ihrer Überzeugung heraus, mit dem Mut des reinen Herzens und unter dem vollen Risiko für ihr Leben Widerstand geleistet.

Das Wort Widerstand muß definiert werden. Es bedeutete in den wenigsten Fällen, Bomben zu werfen oder aktiv den Umsturz des Regimes herbeizuführen. In vielen, vielen Fällen hieß es aber, den Mut zu haben, das Denken nicht einzustellen, sich mit Freunden und Gesinnungsgenossen zu verständigen, Informationen über den wahren Charakter des Naziterrors zu sammeln und zu verbreiten, Verfolgten und ihren Familien zu helfen, dem mörderischen Regime die Unterstützung zu versagen. Und das in dem vollen Bewußtsein, damit das persönliche Wohlergehen, die Arbeit, den Besitz, die Familie, die Freiheit, ja, das Leben aufs Spiel zu setzen.

»Ich konnte nicht anders!« Das habe ich von fast allen gehört, die ich nach dem Warum für ihren persönlichen Widerstand gegen die braunen Machthaber gefragt habe. Sie waren geprägt von ihrer Erziehung, der Arbeitertradition in Elternhaus und Jugendgruppe, dem Vorbild aufrechter Sozialisten, der Arbeit in Gewerkschaft und Partei.

Im Angesicht des Unrechts konnten diese Männer und Frauen nicht anders, sie mußten etwas tun. Dabei waren die Institutionen, denen sie angehört hatten, wie die SPD, die KPD, die

9

Gewerkschaften, Arbeitersport- und Bildungsvereine, verboten und aufgelöst, die Funktionäre eingekerkert.

Aber auch ohne Lenkung und Anweisung von »oben«, oder vielleicht auch gerade deshalb, leisteten sie mutigen, bewundernswerten Widerstand, das waren sie sich selbst schuldig. Dabei mußten sie bald einsehen, daß sie wenig ausrichten konnten gegen den gewaltigen Terrorapparat.

Warum aber empfanden sie das Unrecht als unerträglich, während die anderen blind waren dafür oder verschämt wegsahen? Ich glaube, daß man aus dem Lebenslauf und den »Bekenntnissen« der hier vertretenen Menschen beispielhaft das »Anderssein« herauslesen kann. Zwölf Schicksale – sie können in der Tat nur Beispiele für die vielen Frauen und Männer sein, die dafür Jahre ihres Lebens in Zuchthäusern und Konzentrationslagern büßen mußten oder von den Nazi-Schergen ermordet wurden.

Aber viele von ihnen leben auch heute noch unter uns. Auch wenn sie alt wurden und durch die schrecklichen Erlebnisse und die harten Jahre des Wideraufbaus müde und still geworden sind. Dazu kommt die Resignation, die viele befallen hat, als sie mitansehen mußten, was aus dem Staat wurde, für den sie mitgekämpft hatten. Sie sind seit ihrem Ausscheiden aus dem Arbeitsleben, aus Ämtern und Funktionen weitgehend vergessen. Junge Menschen wissen nichts mehr von ihrer Rolle im antifaschistischen Widerstand und belächeln oft die Mahnungen der Alten. Sie können ihre Erfahrungen nicht nachvollziehen.

Aber ich habe bei den Arbeiten zu diesem Buch immer wieder erlebt, daß die Männer und Frauen des Widerstandes, die heute noch leben, nach anfänglichem Zögern gern und willig mitgetan haben. Ohne ihre Bereitschaft, in – manchmal schmerzhaften – Erinnerungen zu kramen, zeitliche Zusammenhänge zu ordnen und ihre Erfahrungen mitzuteilen, wäre dieses Buch nicht zustande gekommen.

Dieses Buch soll und kann keine Analyse des Arbeiterwiderstandes im allgemeinen geben, es beruht auf keinen Statistiken, dazu gibt es andere neue Publikationen. Es beschränkt sich bewußt auf den Widerstand demokratischer Sozialisten (und dabei auf die Aktivitäten im süddeutschen Raum), deren Wirken in der Öffentlichkeit bisher kaum gewürdigt worden ist.

Das Buch soll anhand von Einzelschicksalen ein klein bißchen dazu beitragen, die Erinnerung an die Frauen und Männer im Widerstand, ihren beispielhaften Mut und unerschütterlichen Glauben an die Sache der Arbeiterbewegung wachzurütteln und wachzuhalten.

Ich finde, wir können es uns nicht leisten, diese unheldischen Helden des Widerstandes zu vergessen, sie sind ein Teil der Arbeiterbewegung, der Arbeiterkultur. Wir können es uns nicht leisten, daß ihr Wissen und ihre Erfahrung verlorengehen!

Ich möchte zum Schluß der Arbeitsgemeinschaft verfolgter Sozialdemokraten (AvS) und dem DGB-Bildungswerk in Bayern für ihre Unterstützung danken. Ebenso Ingelore Pilwousek vom Bayerischen Seminar für Politik, die die Idee zu diesem Buch hatte und erst die Voraussetzungen dafür geschaffen hat, daß es entstehen konnte.

Sabine Asgodom

Lotte Branz
Kurierfahrten über die Grenze

Bei ihrem Vernichtungsfeldzug gegen die Arbeiterbewegung eliminierte das Nazi-Regime 1933 auch die gesamte antifaschistische Presse, deren Redakteure wurden verhaftet, die Druckereien verwüstet oder von der Nazi-Presse übernommen. Über 200 sozialdemokratische und 35 kommunistische Zeitungen mit einer Gesamtauflage von über zwei Millionen Stück wurden zerschlagen. Die NSDAP erhöhte dagegen die Auflage ihrer Propaganda-Presse von 800 000 Exemplaren im Jahre 1933 auf 21,5 Millionen Exemplare 1944.

Am 4. Oktober 1933 verordnete das Regime für alle Zeitungen die Einführung von parteitreuen »Schriftleitern«. Die Presse war damit ausnahmslos gleichgeschaltet. Oppositionelle Kräfte in Deutschland konnten ihr Informationsbedürfnis nur noch durch das Lesen von Exil-Zeitungen oder -Flugblättern sowie durch das Abhören »feindlicher« Sender befriedigen. Aber: Beides wurde unerbittlich verfolgt. Gefängnis, Zuchthaus, Konzentrationslager, ja, später sogar die Todesstrafe drohten denen, die dabei erwischt oder deswegen denunziert wurden.

Trotzdem trafen sich überall im Land regelmäßig kleine Gruppen von Freunden oder Kollegen, die Informationen »tankten«, Exil-Zeitungen verteilten oder ausländische Rundfunksendungen hörten.

Einer dieser Gruppen in München gehörte Lotte Branz, Jahrgang 1903, an. Ihr Mann Gottlieb war einer der führenden Köpfe des süddeutschen Widerstands. Sie selbst unternahm mehrere risikoreiche Kurierfahrten in die Tschechoslowakei, um Informationen nach hüben und drüben zu bringen.

Im Jugendring, einer Gruppe junger Leute – 20 bis 30 Personen – die den verschiedensten politischen Richtungen angehörten, lernte ich im Jahr 1922 Gottlieb Branz kennen. Wir befreundeten, verliebten uns, wir sprachen viel über Literatur, meistens über Politik. Er gehörte zur SPD seit 1911, ich wurde 1926 Mitglied.

Schon damals beobachteten und prüften wir die neuen besonderen Methoden politischen Werbens und Agierens der Nazis. Wir lasen das Buch »Mein Kampf« von Adolf Hitler, stellten aber in vielen Gesprächen, Diskussionen fest, daß dieses Buch von der Allgemeinheit nicht gelesen wurde, daß es selbst den Anhängern und Mitgliedern der neuen Nazipartei nicht bekannt war. Sie lasen nicht, sie ließen sich nur von den Agitatoren verführen.

Bald wurden wir Zeugen übler Schlägereien und Überfälle der SA bei vielen Veranstaltungen der Nazigegner. Selbst wenn es einem gelang, Nazisympathisanten oder Mitglieder auf bestimmte Stellen des »Mein Kampf« hinzuweisen, dies zum Anlaß einer Unterhaltung mit ihnen zu machen, reagierten sie fast immer nur mit Brutalitäten. Gewalt, Unterdrückung waren ihr politisches Konzept.

Wir zogen unsere Lehren daraus. Wir sagten, gleich unseren Genossen, wir konnten gar nicht anders sagen: Wer Hitler wählt, wählt den Krieg!

Aber wir merkten bald, daß man darüber mit ihnen nicht diskutieren konnte: Sie waren keine Kriegsgegner, im Gegenteil, sie verherrlichten den Krieg als Naturgegebenheit.

Gottlieb Branz und ich heirateten 1925. Er arbeitete in München im Gewerkschaftshaus Pestalozzistraße in der Gewerkschaftsbibliothek. Im selben Gebäude war die bayerische Zentrale der SPD untergebracht.

Im März 1933 wurde das Haus von SA-Männern gestürmt, »ausgeräumt« und besetzt; die Kollegen und die Genossen wurden hinausgeprügelt, mußten sich gegenüber dem Gewerkschaftshaus mit erhobenen Händen, Gesichter zur Wand, an Hauswände stellen. Sie wurden dann unter Hieben auf Lastwagen getrieben und ins Konzentrationslager Dachau gebracht. Dort wimmelte es bereits von inhaftierten Kommunisten. Ab dieser Zeit ging in Bayern der Name Dachau durch aller Leute Mund: »Halts Maul, sonst kommst nach Dachau« hieß das geflügelte Wort.

Zu diesen ersten Verhafteten aus dem Gewerkschaftshaus gehörte mein Mann nicht, weil ein SA-Führer, als er die Gewerkschaftsbibliothek betrat, zuerst mal erstaunt vor den vielen bücherbestückten Regalen stehen blieb, meinen Mann über den Inhalt der Bücher ausfragte, und sich daraus ein längeres Gespräch entwickelte (merkwürdigerweise kannte er den Namen Georg von Vollmar und ließ sich von Gottlieb erklären, welche Rolle dieser bedeutende Mann der bayerischen Arbeiterbewegung gespielt hatte). Das dauerte jedenfalls so lange, daß die Lastwagen mit den verhafteten Genossen inzwischen abgefahren waren, so daß Gottlieb als einer der letzten abgeführt wurde, und der SA-Führer ihn laufen ließ.

Doch im Juni 1933 wurde Gottlieb dann doch noch verhaftet und nach Dachau gebracht. Dort erfuhr er von den Mithäftlingen, daß die ersten Wochen in Dachau, für damalige Verhältnisse, die schlimmsten waren. Das Lager mußte erst auf- und ausgebaut werden. Es hatte viele Tote gegeben.

Im Oktober 1933 wurden er und einige andere Genossen unter Auflagen, die sie unterschreiben mußten, entlassen; er sprach wenig über das Erlebte, konnte sich nur mit mir und einigen bis dahin verschonten Genossen unterhalten.

Gottlieb Branz war arbeitslos geworden, bekam vom Arbeitsamt nach Ablauf der sechs Wochen Aussteuerungszeit keine Arbeitslosenunterstützung, geschweige denn einen Arbeitsplatz vermittelt. Wir waren bald total mittellos.

Mit einem Freund aus der Dachauer Zeit übernahm er die Vertretung einer Zigarettenfirma, sie verkauften und verteilten die Zigarettenpäckchen an Einzelhändler, fuhren auf Fahrrädern durch die ganze Stadt. Ich suchte mir auch Verdienstmöglichkeiten, fand da und dort Gelegenheit bei kleinen

Firmen. Wir hatten ja einen Sohn, der inzwischen sechs Jahre alt geworden war, auch er brauchte etwas zum Essen und Anziehen.

Wir trafen uns öfters mit einem Freundeskreis, waren vor allem wild auf Informationen von »draußen« und tauschten unsere Erfahrungen aus. Diesem Kreis gehörten Sozialdemokraten, ein paar Kommunisten, Volksparteiler, sogar ein Monarchist (Fackler) an.

Waldemar von Knoeringen, der rote Baron, den wir seit 1926 alle sehr verehrten, war 1933 glücklicherweise nach Österreich geflohen, seine Frau war ihm sechs Monate später gefolgt. Der Kontakt mit ihm gelang Gottlieb Branz erst 1934, als Waldemar von Knoeringen durch den nach Prag emigrierten deutschen Parteivorstand der SPD zum Grenzsekretär für Bayern ernannt worden war.

1934 im Herbst trafen wir (Gottlieb und ich) Waldemar von Knoeringen am Achensee, und es wurden zwischen uns feste Termine weiterer Begegnungen und Treffpunkte vereinbart.

1935 fuhren Gottlieb und ich nach Bayrisch Eisenstein, wanderten über den Osser, überquerten die Grenze zur Tschechoslowakei ungeschoren bei Zwercheck, marschierten weiter nach Neuern im Böhmerwald. Dort trafen wir Waldemar von Knoeringen und seine Frau Juliane. Zurückgekehrt, radelte ich sofort am nächsten Tag von München nach Rosenheim, um Waldemar von Knoeringens Mutter die Grüße ihres Sohnes zu überbringen.

Nachdem ich mich mit den örtlichen Verhältnissen, vor allem den Schleichwegen im Bayerischen Wald vertraut gemacht hatte, riskierte ich noch ein paarmal den illegalen Grenzübertritt und kam auch immer ungeschoren durch. (Beim Erzählen wird mir plötzlich der schreckliche Doppelsinn des Wortes »ungeschoren« bewußt, sind doch allen Frauen, die in Konzentrationslager eingeliefert wurden, sofort alle Haare abgeschnitten worden).

Es war uns ungeheuer wichtig, mit Waldemar sprechen zu können, zu erfahren, wie das Ausland über Deutschland denkt, auch die ernüchternde Meinung Waldemars zu hören, daß der »Hitlerspuk« bei weitem nicht eine Episode deutscher

Geschichte bleiben würde. Waldemar interessierte sich vor allem für das Schicksal der in Deutschland gebliebenen Freunde und Genossen, und was wir sonst zu berichten wußten. Ich stieg immer einige Stationen vor Bayrisch Eisenstein aus dem Zug, um den besonderen Kontrollen in Eisenstein (Endstation) auszuweichen.

Von meinen gelegentlichen Wanderungen durch den Bayerischen Wald erfuhr der Rechtsanwalt Eugen Schmidt, der zu unseren Freunden gehörte. Er bat mich, eine Jüdin mit ihrer Tochter über die Grenze in die Tschechoslowakei zu schleusen, später noch eine Jüdin mit einem kleinen Kind. Beides gelang. Die Kinder merkten nichts von der Gefahr, in der wir uns befanden, sie glaubten, wir würden einen Ausflug durch den dichten Wald machen. Auch den jüngsten Bruder von Lion Feuchtwanger brachten Gottlieb und ich gemeinsam über die Grenze.

Noch einmal traf ich Waldemar von Knoeringen 1937 in Wien. Wie er von der Tschechoslowakei dorthin gekommen war, darüber sprachen wir nicht, auf alle Fälle illegal, denn er zählte nicht nur zum Personenkreis des Parteivorstandes aus Deutschland, sondern inzwischen waren alle Sozialdemokraten aus Deutschland und Österreich auch in Österreich längst Verfolgte geworden, die man dort, wenn man ihrer habhaft wurde, in Zuchthäuser sperrte.

Damals, 1937, fuhr ich mit Alfred Loritz, der dann und wann in unserem Freundeskreis auftauchte, nach Reichenhall; Loritz suchte ein Gespräch mit Knoeringen. Von Reichenhall aus erkundeten wir die Verhältnisse an der Grenze nach Österreich, riskierten auch – beinahe wäre es schief gegangen – bei Gmain den Übergang an unbewachter Stelle, umwanderten den Untersberg und fuhren dann von Grödig mit dem Bus nach Salzburg, und von dort mit dem Zug nach Wien. Wir kamen morgens um sieben Uhr in Wien an, aber von Waldemar war nichts zu sehen. Er kannte aber die Adresse von einer Verwandten von mir, da tauchte er auch am selben Abend auf.

In einem kleinen Lokal in der Nähe der Wohnung meiner Verwandten unterhielt ich mich eine Stunde mit Waldemar.

Erinnerungsfoto am »Schwarzen See«: Lotte Branz mit Begleiter während einer Kurierfahrt.

Gottlieb Branz (Mitte) mit Waldemar und Juliane von Knoeringen nach dem Krieg.

Gottlieb Branz wurde nach '45 Mitglied des Münchner Stadtrats; hier bei der Eröffnung einer Elektromesse 1949.

19

Er machte mich eindringlich darauf aufmerksam, daß konspirative Begegnungen mit ihm immer gefährlicher würden, daß ein Ende der Nazidiktatur nicht abzusehen sei, daß es viele Jahre dauern würde, bis wir uns wiedersehen würden. Er gab mir ein »Zündholzbriefchen«, die Hälfte einer zerrissenen Nachricht, mit den Worten: »Wenn jemand bei Euch auftaucht, der die andere Hälfte vorzeigen kann, auf den könnt Ihr Euch verlassen.« Es war Hermann Frieb, der mir eines Tages die andere Hälfte des Briefchens zeigte, der manchmal kam – wir wohnten in einer Parterrewohnung – sobald es dunkel geworden war. Er erzählte viel über die Widerstandsgruppen, besonders von einer, die sich in einem Bootshaus am Ammersee traf. Nach der nächsten Verhaftung von Gottlieb Branz riß die Verbindung zu Frieb ab, das Risiko war zu groß geworden.

Mein Mann Gottlieb Branz ist dann am 3. Januar 1939 von der Gestapo abgeholt und verhaftet worden. Die Gestapo hatte eine Photographie, auf der Waldemar von Knoeringen, seine Frau Juliane, Gottlieb, ein österreichischer Genosse namens Lenk und ich abgebildet waren. Da ich mit dem Rücken zur Kamera stand, war meine Identität nicht ohne weiteres erkennbar. Wir standen zu fünft auf einer Straße in Neuern und haben uns verabschiedet. Es muß uns ein Spion photographiert haben. Viele Jahre später – nach dem Krieg – erfuhren mein Mann und ich, daß einer von den Gestapobeamten wußte, daß ich damals dabei war, aber er ließ mich nicht verhaften.

Zurück zum 3. Januar 1939. Wir waren beim Skilaufen gewesen und kamen erst spät abends nach Hause. Am nächsten Morgen zwischen vier und fünf Uhr kamen zwei Gestapomänner mit einem großen Waschkorb und packten so viele Bücher ein, wie in dem Waschkorb Platz fanden – meinen Mann nahmen sie auch mit.

Bis zur Anklage durfte niemand Gottlieb Branz besuchen. Trotzdem begab ich mich nach ein paar Tagen ins Wittelsbacher Palais, weil ich es vor Sorgen nicht mehr aushielt. Zufällig kam ich vor die offene Tür des Zimmers jenes Beamten, der Gottlieb verhaftet hatte. Man ließ mich hinein, Gottlieb stand am Fenster. Der Gestapomann schaute gerade nicht her, und ich sah, daß Gottlieb kurz lächelte. Mir kam bei diesem Lächeln sofort die Erinnerung an einen Genossen in den Sinn, der zwei Jahre vorher bei uns erschienen war und der uns erzählte, daß er bei einer Vernehmung durch die Gestapo das Photo, auf welchem wir fünf abgebildet waren, zur Identifizierung vorgelegt erhalten hatte. Er versicherte uns damals, uns nicht verraten zu haben.

Nach Monaten Gestapohaft verlegte man Gottlieb in das Gefängnis in der Corneliusstraße. Dort durfte ich ihn pro Woche fünf Minuten besuchen, die Erlaubnis dazu erhielt ich von einem Richter. Ich habe mich immer auf die kurze Besuchszeit vorbereitet, so daß man doch manches Wichtige besprechen konnte. Die ganze Zeit, bis zur Gerichtsverhandlung, rüttelte so an meinen Nerven und auch an meiner Gesundheit, daß ich außerstande war, eine Arbeit, eine Verdienstmöglichkeit zu suchen, obwohl mein Sohn und ich es sehr nötig gehabt hätten. Es gab aber zu jener Zeit noch hilfreiche Menschen, die uns dann und wann geholfen haben, zum Beispiel Sylvia Klaar, die Frau des Orthopäden Dr. Klaar, der in der Kristallnacht verhaftet wurde und sehr schnell in Dachau gestorben ist. Sylvia Klaar ist ebenfalls im KZ ums Leben gekommen.

Der Prozeß gegen Gottlieb (es wurden keine Zeugen vernommen) begann im September 1939, er dauerte nur eine Stunde. Die Anklage lautete: Illegaler Grenzübertritt. Verteidigt wurde mein Mann vom Rechtsanwalt Fritz Kartini, er hat sein Bestes getan. Gottlieb wurde dann freigesprochen, da die Monate der Untersuchungshaft angerechnet worden waren. Der Richter fragte Gottlieb: »Freuen Sie sich, daß Sie jetzt frei sind?« Gottlieb antwortete: »Ich werde in ein Konzentrationslager gebracht. Weil ich schon einmal in einem Lager war, wird man mich nicht frei lassen.« Ich saß während der Verhandlung auf der Bank im Korridor vor dem Sitzungsraum. Als Gottlieb nach dem Urteilsspruch mit dem Anwalt herauskam, hatten wir noch zwei Minuten Zeit miteinander zu sprechen, und er sagte mir, daß er ins Lager käme. Es war ein trauriger Abschied. Mit einem Wächter lief er ganz langsam den Korridor entlang und verschwand durch eine kleine Tür.

Gottlieb kam diesmal nach Buchenwald, wo er bis Ende des Krieges blieb. Von seinen schrecklichen Erlebnissen hat er wenig erzählt; dagegen berichtete er von der solidarischen Hilfe der Genossen, die er in Buchenwald traf. Doch er war ein anderer Mensch geworden.

Ich mußte mich derweil mit meinem Sohn durchbringen. Das Arbeitsamt hat mir alle möglichen Stellen vermitteln wollen, aber ich lehnte es trotz unserer miserablen Lage ab, in einer Munitionsfabrik zu arbeiten. In einer Gärtnergenossenschaft fand ich dann endlich eine Anstellung und arbeitete dort bis Kriegsende.

Mein Sohn war fast ein Jahr Soldat in Italien. Die Amerikaner befreiten die Häftlinge in Buchenwald und meinen Sohn in Italien. Im August 1945 waren wir wieder zu dritt.

Bertl Lörcher

Mit der Bewährungseinheit 999 nach Afrika

Im Frühjahr 1933 gab es in Deutschland fast sieben Millionen Arbeitslose. Die Wähler waren durch ständige Neuwahlen abgestumpft. Der Terror der braunen SA-Horden gegen Andersdenkende tobte im ganzen Land. Die beiden deutschen Arbeiterparteien, die Sozialdemokraten und die Kommunisten, standen sich tödlich verfeindet gegenüber. Während die KPD den Kampf gegen die »Sozialfaschisten«, gemeint war die SPD, als oberstes Ziel setzten, warnten die Sozialdemokraten: »Nicht Faschismus durch Bolschewismus ersetzen!« Anstatt gemeinsam gegen den Hauptfeind, die Nazis, zu marschieren, lähmte der Konflikt innerhalb der Arbeiterbewegung den Widerstand. Am 7. März 1933 wurde die KPD verboten, sie leistete schreckliche Blutopfer. Am 2. Mai ist der Allgemeine Deutsche Gewerkschaftsbund (ADGB) verboten worden, wurden die Gewerkschaftshäuser besetzt, die Funktionäre verhaftet und alle Vermögen beschlagnahmt. Am 22. Juni folgte das Verbot der SPD; die Zuchthäuser und Lager füllen sich mit Sozialdemokraten. Während sich die KPD bereits in den letzten Jahren der Weimarer Republik auf den illegalen Widerstand vorbereitet hatte, hielt die SPD bis zum Schluß am Prinzip der »Legalität« fest. So kam es, daß sich sozialdemokratische Widerstandsgruppen zumeist spontan, ohne Erfahrung und Strategie auf örtlicher Ebene bildeten, getragen oft von jungen Genossen, die vom kampflosen Untergang ihrer Partei bitter enttäuscht waren.

Zu ihnen gehörte auch Albert Lörcher, der in München zusammen mit Freunden aus der kommunistischen Jugendbewegung in die Illegalität ging und mit Flugblättern der Nazi-Propaganda gegenzusteuern versuchte. Doch die Gruppe flog schon nach wenigen Monaten auf. Es gab Zuchthausstrafen und hinterher KZ. Mit der Bewährungseinheit 999 kam Albert Lörcher 1943 nach Afrika, wo er in englische Gefangenschaft geriet.

Mein Vater war Sozialdemokrat, er las die »Münchner Post«
und war ein aufgeschlossener Mann, der sich für Zusammenhänge interessierte. In seiner Bibliothek, kann ich mich erinnern, standen verschiedene Werke der Arbeiterbewegung,
von Liebknecht usw. Er unterhielt sich auch mit uns über die
damals doch sehr turbulenten Ereignisse. In der Zeit um
Kriegsende und der beginnenden Räteregierung in München
besuchte er viele Versammlungen; gelegentlich nahm er uns
auch zu solchen Versammlungen mit.

Als der damalige Bayerische Ministerpräsident Kurt Eisner
durch den Leutnant Graf Arco erschossen wurde, trat mein
Vater aus der SPD aus und ging zur USPD. Das war damals
die Unabhängige Sozialdemokratische Partei. Er wurde
prompt nach der Niederschlagung der Räteregierung durch
seine ehemaligen Freunde, mit denen er in einem bürgerlichen
Restaurant an den Wochenenden immer Karten gespielt
hatte, denunziert und war zwei bis drei Monate in Ingolstadt
inhaftiert.

In dem Betrieb, in dem ich Kürschner lernte, waren die Arbeiter gut organisiert und der Betriebsrat war ein alter Mann
aus der Arbeiterbewegung, der mir gleich Vertrauen ein-
flößte. Als der 1. Mai damals auf uns zukam – ein kleines
Ereignis war das schon – besprach ich mit ihm, ob ich nicht
eventuell am 1. Mai als Lehrling auch daheim bleiben und
mich mit den Arbeitern solidarisch erklären sollte. Er machte
mich darauf aufmerksam, daß ich nach den damaligen Gesetzen und nach dem Lehrvertrag Schwierigkeiten bekommen
würde. Man könnte mich hinauswerfen. Er erzählte mir aber
gleichzeitig aus seiner Vergangenheit, von verschiedenen Er-
eignissen, was sie alles durchgemacht hatten früher, bis überhaupt einmal ein Zustand, wie er damals an dem 1. Mai war,
eingetreten ist. Er hat mich dann so überzeugt, daß ich gar
nichts mehr sagte und einfach am anderen Tag, am 1. Mai,

wegblieb. Es war ein Mordsaufsehen. Mein Chef war ein alter Reaktionär und Stahlhelmer. Der hat also furchtbar umeinandergetobt und mich gleich einmal fristlos hinausgeschmissen. Ich ging dann zu meiner Gewerkschaft in der Pestalozzistraße, zum Bekleidungsarbeiterverband. Es gab eine Verhandlung, und mein Chef mußte mich wieder einstellen. Das ist also damals schon durchgesetzt worden. Jedenfalls war's natürlich so, daß nach Beendigung der Lehrzeit ich der erste war, der aus dem Betrieb flog.

Als dann 1933 die Machtübernahme kam, machte sich bei uns, besonders bei den jungen, aber auch bei einem Teil der alten Sozialdemokraten und der Gewerkschafter eine große Enttäuschung darüber breit, daß überhaupt nichts passierte, daß also die Führung der SPD bis zum letzten Moment versuchte, sich irgendwie zu arrangieren und noch in ihren Ämtern zu bleiben. Und genauso machten es die Gewerkschaften. Bei der Sozialdemokratischen Partei war zwar der eine Teil schon in die Emigration gegangen in die Tschechoslowakei, aber der andere Teil, unter Führung des ehemaligen Reichstagspräsidenten Löbe hat noch im Mai versucht, sich mit den Nazis zu arrangieren. Sie sind aus der Sozialistischen Internationalen ausgetreten, und sie haben beschlossen, dem sogenannten Friedensappell Hitlers zuzustimmen.

Es gab zweifellos eine Menge Leute, auch unter der Arbeiterschaft, die damit gerechnet hatten, daß man sich gegen die Machtübernahme wehren würde. Daß die Arbeiterbewegung, die immerhin eine stolze Vergangenheit und einiges aufzuweisen hatte, einfach so schmählich unterging, das hat uns schon sehr deprimiert. Daraus resultierte auch mein Entschluß, sofort etwas gegen die Nazis zu tun. Wir suchten Kontakt untereinander, und ich hatte einige Freunde gefunden, die früher in der kommunistischen Jugend waren. Bei denen war es auch so, daß sie keinen organisatorischen Kontakt zu ihrer Zentrale hatten.

Es war generell so, daß einfach die Leute, die gewillt waren, etwas gegen die Nazis zu tun, persönlichen Kontakt untereinander aufnahmen, und so kamen bestimmte Gruppierungen am Anfang zustande.

Wir haben illegale Flugblätter herausgebracht. Ich kann mich noch erinnern, das erste Flugblatt war: »Vier Arbeiter in Dachau ermordet«. Wir gaben dann eine Zeitung heraus. Wir hatten im Hochwasserbecken der Pupplinger Au, zusammen mit meinem Bruder und mit noch einigen Freuden, ein Autozelt und ein kleines Zelt. Da besaßen wir einen Abziehapparat und eine Schreibmaschine, und dort haben wir die Dinge gedruckt und haben sie nach München geschafft, und von dort aus sind sie dann über die Leute, die noch vorhanden waren, verteilt worden.

Es war am Anfang sehr schwierig, weil dieser Welle der Begeisterung die Welle der Einschüchterung auf der anderen Seite gegenüber stand, die so groß war, daß man sehr aufpassen mußte, daß man nicht an die verkehrten Leute geriet; aber es war immerhin ein Kreis von Leuten, die man seit Jahren kannte und an die man sich wenden konnte. Die Idee damals war nicht so sehr, daß man die Illusion hatte, so mit großer Propaganda gegen die Welle der Nazis was zu tun, sondern die Idee war zunächst überhaupt einmal, die eigenen Leute zusammenzuhalten, Apparate zu schaffen, die dann von sich aus funktionieren, daß die Leute wieder untereinander Kontakt aufnehmen, daß man wieder zusammenkommt. Das ging eine Zeitlang gut. Dann wurden die Leute, denen wir unsere Zeitungen weitergaben – in Haidhausen – so nach und nach verhaftet. Wir waren noch die letzten, die übrigblieben.

Es gab noch Kontakte in andere Stadtteile, sogar noch Kontakte nach Augsburg, wo wir auch versucht hatten, Flugblätter und Zeitungen hinzubringen. Es war da ein Lesesaal im Arbeitsamt in der Thalkirchnerstraße, und am Anfang gab es in diesem Lesesaal noch eine ganze Reihe ausländischer Zeitungen. Die haben wir also sehr eingehend studiert und haben versucht, in unsere Publikationen Meldungen darüber reinzubringen, was die Nazis vorhatten. Auch exakte Nachrichten von Leuten, die verhaftet wurden, daß wieder so große Aktionen liefen. Und so weit wir etwas von Dachau erfahren konnten, haben wir es reingebracht. Den wachsenden Terror der Nazis darzustellen und auch die Tendenz, die die Nazis mit ihrer ganzen Beschäftigungspolitik – Autobahnbau in Richtung auf Krieg usw. – verfolgten, das war der Sinn unserer Zeitung, eben die Leute aufmerksam zu machen auf das, was auf sie zukam.

Es wurde dann sehr schwierig; wir haben zeitweise in Laubhaufen im Isartal geschlafen, mein Bruder und ich. Wir haben zuletzt einmal in einem stillgelegten Ziegelofen in Unterföhring geschlafen. Es war also sehr schwierig, unterzukommen. Die Menschen hatten alle Angst und die Leute, die wir kannten, waren selber in Gefahr, daß sie also einmal durch irgendeine Aktion der Gestapo in Schwierigkeiten gerieten. Wir haben einen Bekannten gehabt im Städtischen Schlacht- und Viehhof. In der Früh sind wir immer zu dem gegangen und haben dort erst einmal gefrühstückt, und dann gingen wir ins Arbeitsamt. Das war inzwischen geöffnet, und wir haben dort unsere Redaktion gemacht zusammen mit zwei Studenten. Dann fuhren wir mit dem Fahrrad in die Pupplinger Au und haben das dann gleich technisch versucht umzusetzen und die Zeitungen zusammenzubringen und rauszubringen.

Wir druckten verhältnismäßig bescheidene Auflagen. Aber die Flugblätter haben wir schon in einigen tausend Stück gemacht. Da starteten wir sogar einmal eine Aktion, an die kann ich mich noch gut erinnern:

Wir sind in der Kaufingerstraße in einem Treppenhaus raufgegangen mit einer Zigarrenkiste, bei der vorn der Deckel rausgesägt war, und haben die Kiste voller Flugblätter ganz außen auf dem Schneegitter der Dachrinne aufgesteckt. Der Deckel war mit einer Schnur bis zum Fensterbrett verbunden, dort haben wir mit dem Hammer einen Nagel eingeschlagen und stellten eine Weihnachtskerze dazwischen. Die haben wir angezündet und sind wie die Feuerwehr runter und weg, damit wir, wenn der Deckel sich öffnete und die Flugblätter runterkamen, nicht mehr da waren.

Und das hat geklappt, ja. Das war so eine ganz einfache Idee, wie sie einem manchmal – vor allem in der Verzweiflung – einfällt.

Ich bin dann zuletzt am Biederstein bei einem Bekannten in einem netten Häuschen untergekommen. Illegal. Der wurde damals plötzlich verhaftet . . . und ich lag im Bett. Es war

Familienidylle im Garten: Der sechsjährige Bertl Lörcher mit Eltern und Geschwistern 1919.

1943 begann die Militärzeit bei der Bewährungseinheit 999 am Heuberg – sie endete in Afrika.

nicht mehr zum Aufhalten. Sie haben mich schon am Hals gehabt. Sie haben den verhaftet und haben mich verhaftet. Das war am 10. August 1933. Die Gestapo-Beamten, die den holten, wußten allerdings noch nicht, wer ich war. Daß ich schon wiederholt polizeilich gesucht war, daß sie vor meinem Haus gewartet haben usw.

Ich nahm mir vor, wenn es irgendwie geht, haue ich ab. Wir sind dann da runtermarschiert vom Biederstein. In der Ungererstraße war so ein Eisenzaun mit Lanzen obendrauf. Da ich früher im Arbeitersport ein guter Sportler war, Handballspieler, habe ich mir gedacht, das schaffst du, und wollte mit einer Flanke über den Eisenzaun und bin mit meiner weiten Knickerbockerhose, die damals noch üblich war, hängengeblieben. Aus war's. Ich hing da drin. Dann sind sie natürlich vorsichtig geworden und haben mich gleich an den Achter genommen, und als sie mich dann bei der Gestapo eingeliefert haben, war großes Geschrei, »endlich haben wir ihn«. Die sind ja ganze Nächte vor unserem Haus gestanden und haben gewartet, ob wir mal nach Hause gehen und waren auch persönlich wütend, weil sie so lange an der Nase rumgeführt wurden.

Die SS war noch da kaserniert, wo das jetzige Jagdmuseum ist. Das war noch die Übergangszeit. In dem Saal haben sie ihre Strohsäcke dringehabt. Da haben sie mich auch einmal – zwei SS-Männer – hineingeführt. Das war ungefähr so, wie wenn man in ein Sioux-Indianerlager hineinkommt. Die haben geheult und mich dann über den Tisch geschmissen und furchtbar mißhandelt und zusammengeschlagen und danach wieder in die Zelle geworfen, und dann hat der leitende Gestapo-Beamte, der die Vernehmung leitete, gesagt: »Sie haben es jetzt gesehen, es hat keinen Sinn. Geben Sie auf. Geben Sie zu, wer die anderen sind.« Es ging also um die Namen, um die anderen Leute, die ich angeben sollte. Das zog sich ziemlich lange hin.

Vierzehn Tage war ich in der Ettstraße mit fast täglichen Vernehmungen. Das ist also schon eine schwierige Zeit gewesen.

Ich hatte damals eine Freundin, meine jetzige Frau. Bei der Vernehmung bei der Gestapo wurde mir gedroht: »Wenn Sie weiterhin auf Ihrem Leugnen bestehen bleiben, müssen wir Ihre Braut verhaften.« Worauf ich gesagt habe: »Ich kann nichts machen, ich sage trotzdem nichts.« Dann haben sie sie prompt am anderen Tag reingeführt, und sie war dann fast fünf Monate in Stadelheim, in Schutzhaft. Nur weil sie meine Freundin war.

Einmal kamen Gestapo-Leute auch abends und haben mir einen Strick reingelegt, mit der Schlinge schon, und haben gesagt: »Jetzt hast du zwei Möglichkeiten; du kannst bis Mitternacht auf den Knopf drücken und kannst ein Geständnis ablegen. Wenn du das nicht tust, hängst du dich zweckmäßigerweise vorher auf, denn dann geht's dir schlecht.« Das sind schon schwierige Momente im Leben. Das ist keine Frage. Ich ging da auf und ab und war schon nahe dran und habe mir gedacht, machst Schluß oder machst nicht Schluß und habe mich dann doch entschlossen, es nicht zu tun. Das muß man einfach durchstehen, und ich hab's auch durchgestanden.

Ich kann mich noch genau erinnern, als ich bei der ersten Vernehmung denen gegenübersaß; da saßen zwei Gestapo-Beamte, und hinter mir standen SS-Leute, mit dem Knüppel in der Hand. Sie haben mich bei der ersten Vernehmung schon von dem Stuhl runtergeschlagen, da hatte ich beinahe körperlich das Gefühl, jetzt ist ein Rolladen runter. Jetzt mit mir nimmer. Jetzt könnt ihr also machen, was ihr wollt. Ich war zutiefst beleidigt, daß ich mir gedacht habe, jetzt nicht. Das war also gar nicht so sehr vom Physischen, also vom Körperlichen, bestimmt, sondern die haben mich einfach so beleidigt, daß ich gesagt habe, so auf keinen Fall. Jetzt nix mehr. Ich war stur. Da habe ich mir gedacht, ich sag kein Wort, das kommt gar nicht in Frage. Sie haben auch nie versucht, einmal zu diskutieren, also die Lage darzustellen und zu sagen, was willst du denn eigentlich mit deinem komischen Sozialismus? Wir haben doch einen ganz anderen, viel besseren. Das haben sie nie versucht, sondern nur gleich mit Niederschlagen und solchen Dingen gearbeitet. Da war's halt so, daß es bei mir aus war. Ich bin auch in meiner Zelle rumgegangen – da hat irgendein Vorgänger mal was hingemalt: »Einst kommt der Tag, da wir uns rächen.« Das war zwar primitiv, aber ich bin da immer im Kreis rummarschiert, und dann habe ich da hingeschaut, und das hat mir noch einmal ein bißl Kraft gegeben.

Dann kam die Verhandlung vor dem Sondergericht in München. Ich bin aufgrund der Aussage eines Freundes zu elf Monaten Gefängnis verurteilt worden, die ich im Gefängnis in Bayreuth abgesessen habe. Da war ich noch nicht ganz 20.

Die Zeit ging jedenfalls rum, und ich wurde dann entlassen, irrtümlich entlassen, damals. Ich fuhr glücklich nach Hause und acht Tage drauf bin ich wieder verhaftet worden. Da haben sie mich wieder zur Gestapo gebracht, haben mir gesagt, ich hätte jetzt Zeit gehabt, mir das zu überlegen. Ich habe gesagt, ich habe dem nichts hinzuzufügen, ich kann nichts anderes sagen. Dann waren wir schon fertig, und dann bin ich an einem Samstag zusammen mit noch einem – ganz allein waren wir in diesem großen Bus drin – ins KZ Dachau gefahren worden, in »Schutzhaft«. Der andere war ein Zweitmaliger, der schon einmal draußen war. Dann kam dieser berühmte Empfang in Dachau. Vor der Kommandantur hielt der Bus an, und da standen sie schon alle, so zwischen zwanzig und dreißig Leuten von der SS – wer gerade Zeit hatte – und warteten auf die Neuankömmlinge.

Über den anderen sind sie gleich hergefallen, den haben sie furchtbar zusammengeschlagen und getreten, weil er zum zweitenmal da war. Das war mein Glück und andererseits auch mein Unglück. Ich habe mir gedacht, ja wenn sie mich nur auch zusammenschlagen würden, ich habe das gar nimmer mit ansehen können. Ich bin immer in strammer Haltung mit meinem Karton, in dem ich meine Wäsche drin hatte, dagestanden. Ich habe den SS-Mann angepeilt, aber es ist mir eigentlich nichts passiert. Der hat seine Pistole heraußen gehabt, sie mir in den Rücken gestoßen und gesagt: »Siehst du da diesen niederen Lattenzaun, wenn du da drüber steigst, bist du tot.« Ich wußte nicht, daß das der berüchtigte Spatzenegger war, einer der brutalsten Scharführer da draußen, der dann in Mauthausen die Leute über den Steinbruch runtergejagt hat, den sie gleich aufgehängt haben am Schluß. Das war einer der berüchtigsten, billigsten und dreckigsten Elemente da draußen. Der hat mich hinter geführt. Ich kannte den ja damals noch nicht.

Wir haben dann die Wache passiert und gingen in das Gefangenenlager. Das war gegen Mittag. Sie schauten, wer da jetzt neu kommt. Man war ja schon signalisiert. Die haben genau gewußt, jetzt kommt also der Lörcher Bertl und so. Dann hat er mich da reingejagt und hat ein paarmal in die Luft geschossen. Dann sind alle gesaust. Da denke ich heute oft noch dran. Die sind alle aus ihren Holzschuhen – mit denen konnte man nicht schnell laufen – gestiegen und sind in Socken gelaufen. Da waren überall auf dem Kies die Holzschuhe gelegen. Es sind dann später einige Leute, die ich kannte, hergekommen und haben mich gleich informiert und haben gesagt, was auf mich zukommt. Das war 1934.

Damals war es auch noch üblich, daß man die erste Woche oder gleich die ersten Tage beim Zählappell abends die Neuen aufgerufen hat und denen wurde dann noch einmal – das war so ein Hof, wo Betonwände waren – der Schutzhaftbefehl verlesen, und sie bekamen 25 mit dem Ochsenfiesel. Das war damals üblich. Ich kann mich noch gut erinnern, wie ein Bekannter zu mir so ganz wohlwollend – er hatte dabei seine Hand auf meine Schulter gelegt – gesagt hat: »Naja, das bringst du auch noch hinter dich. Du kriegst dann 25. Das ist ungefähr so, wie wenn sie dir 25 Zähne ziehen.« Ich meine, wenn sie einen zusammenschlagen, ist es nicht so schlimm; aber diese systematische Bestrafung ist etwas ungeheuer Ehrenrühriges. Also davor habe ich mächtig Angst gehabt. Ich habe mich jeden Abend beim Zählappell darauf vorbereitet, aber es kam nicht. Warum weiß ich auch nicht, jedenfalls, es kam nicht. Als ich dann schon acht oder neun Wochen draußen und schon eingewöhnt war, da brachten sie einen Nazi aus Stuttgart. Das war ein Amtsträger der Nazis und der hatte Winterhilfegelder unterschlagen. Der hieß auch Lörcher und war eine Baracke neben mir. Abends beim Zählappell kommt der Lagerläufer – das war auch ein Gefangener – und ruft »Lörcher!« Ich habe gedacht – darauf war ich schon gar nimmer gefaßt – jetzt also doch noch.

Mein Kompanieführer, das war ein Scharführer der SS, hat die

Tochter von dem Kramer poussiert, wo meine Mutter immer eingekauft hat. Ich bin mit der aufgewachsen und die hat den informiert und hat gesagt: »Also gell, dem Bertl da, dem darf eigentlich nichts passieren. Wenn du den siehst, und so . . .« Die hat nicht genau gewußt, daß ich genau in seiner Kompanie bin. Wir sind da im Dunklen im Gänsemarsch marschiert in Richtung zum Tor vor, da kommt uns der zufällig entgegen. Der schaut so einen nach dem anderen an und sagt zu mir: »Was wollen Sie?« Ich sage: »Schutzhaftgefangener Lörcher, Nummer soundsoviel.« Man hat seine Nummer da irgendwie hergesagt. Er sagte: »Nicht Sie, das andere Dreckschwein«, und jagt mich wieder zurück, sonst hätte ich also noch für den Amtsträger aus Stuttgart 25 gekriegt. Die täten mir heute noch weh, das muß ich schon ehrlich sagen. So lief das.

Wir Politischen hatten guten Kontakt untereinander. Die Arbeitseinteilung unterstand auch einem Gefangenen, der hieß Stephan. Das war ein prima Bursche. Ich sehe ihn noch wie heute. Auf dem großen Appellplatz mit so einem Jägerstand, wo der Kommandierende von der SS oben drauf stand, mußten sich die Neuzugänge vorn an dem Platz – wir waren so 30 oder 40, es kamen ja laufend neue Leute – aufstellen und wurden dann zur Arbeit eingeteilt. So jemand wie ich, der schon signalisiert war von der Gestapo, müßte normalerweise in die Kiesgrube kommen. Und die Kiesgrube war ein Todeskommando. Da haben sie ja laufend die Leute totgeschlagen. Aber meine Freunde hatten schon vorher ausgemacht gehabt, den Bertl Lörcher müssen wir unbedingt in einer anständigen Arbeit unterbringen. Da kam der Graf Dall'Armi, das war ein SS-Führer. Der war für die Arbeitseinteilung bei der SS verantwortlich und suchte Leute und schaute sich die Leute an. Da sagte der Stephan gleich: »Hier haben wir auch noch einen, bei dem extra veranlaßt worden ist, daß er verhaftet wurde . . .« Der hat dann noch ein bißchen Späße getrieben. »Den brauchen wir ganz dringend in der Sattlerei, der muß diese Felle für die Tournister zuschneiden. Das kann der besonders gut.« Der Dall'Armi, das war so ein bißl ein verrückter Hund, sah mich an und rollte die Augen und schrie dann irgendetwas von Waschküche. Gleich am Rand vom Appellplatz war eine Gefangenenwaschküche, wo die alten Socken alle gewaschen worden sind. Da war ein Augsburger Capo. Ich habe die angepeilt und mich gleich im Laufschritt in Richtung Waschküche in Trab gesetzt und der Dall'Armi lief hinter mir her mit der Pistole. Die Waschküche war ein quadratischer Raum. Auf Anhieb sah ich nicht, wo die Tür ist. Dann sind wir dreimal um die Waschküche herum, bis dieser Augsburger Capo merkte, was da los ist, die Tür aufriß, mir eine Bürste in die Hand drückte und einen Socken. Daraufhin ist er abgezogen, der Graf Dall'Armi. Am anderen Tag bin ich ganz ordnungsgemäß in die Sattlerei ausgerückt. Da war das schon vergessen, und sie haben es also geschafft.

Eines Tages kommt ein Genosse zu mir und sagt: »Du, du wirst wahrscheinlich entlassen. Die Gestapo hat schon angefragt. Du wirst wahrscheinlich entlassen.« Habe ich gesagt: »Ach geh, hör auf.«

Die Situation war so, die ersten Wochen, die man in Dachau war, haben sie am Appellplatz immer die Entlassungen verlesen. Da haben sie ein paarmal so Aktionen durchgeführt, wo sie ein paar hundert Leute entlassen haben. Da ist man immer auf den Zehen gestanden, um zu hören, ob man nicht eventuell dabei ist. Dann kommt ein Zustand, wo man sagt, naja, finde dich damit ab, fünf Jahre bist auf alle Fälle hier. Als der Genosse kam, da sagte ich: »Also mich kannst nicht auf den Arm nehmen, mich kann nichts mehr erschüttern, ich habe mich jetzt schon eingerichtet da heraußen. Also ich werde nicht entlassen.«

Gut ein paar Tage drauf kommt tatsächlich der Scharführer gesaust und sagt: »Lörcher.« Ich habe ganz ruhig zu ihm gesagt, das ist der nebendran (der Nazi). Dann kam er wütend noch einmal gesaust und sagte: »Das ist nicht der, Sie sind es, Sie Rindvieh.« Ja gut, dann habe ich also in aller Eile meine Sachen zusammengepackt, habe noch an ein paar Freunde meine wenigen Sachen verteilt, und dann bin ich entlassen worden. Vorne mußte man dann noch diese üblichen Dinge unterschreiben, wie, wer irgendetwas erzählt über das Lager, ist gleich wieder da und was dann passiert, weiß man, weil, wenn man das zweite Mal nach Dachau kommt, wird man furchtbar mißhandelt, kommt in die Strafkompanie, bekommt noch weniger zum Fressen und so weiter.

Dann sind wir entlassen worden. Sie haben uns einfach am Bahnhof in Dachau hingestellt – ohne einen Pfennig Geld. Wir haben zusammengelegt und sind dann von Dachau mit dem Bus nach Karlsfeld gefahren. Bis dahin hat es gerade gereicht. Den übrigen Weg sind wir zu Fuß gegangen. Das war am 20. Mai 1935.

Dann kam das Übliche. Man mußte sich jeden dritten Tag auf der zuständigen Polizeiwache melden.

Es war also alles in Ordnung, und ich war froh, daß ich wieder zu Hause war. Dann ging's aber an, sie haben einem auf die Füße getreten, man mußte Arbeit haben. Dann schickten sie mich gleich auf die Autobahn. Da habe ich also des Führers Autobahnen versucht weiterzubauen, das war bei Frasdorf im Chiemgau.

Also ich brachte auch das hinter mich, habe dann bei einer Firma – Krankenhaus- und Lazarettbedarf – als Lagerist zunächst begonnen und war ein kleines bißl aus der Schußlinie. Ich bin dann immer wieder verhaftet worden. Schutzhaft. Diese kurzen Verhaftungen waren für jemand, der die Mühle schon hinter sich hatte, eine schwere nervliche Belastung. Man wußte nie, ob man nicht wieder nach Dachau kommt. Das blieb immer offen.

Am Anfang ging es ja noch. Als wir zum Beispiel zum Mussolini-Besuch verhaftet wurden, da haben sie mich in die Ledererwache gebracht. Der ganze Wagen war schon voll. Da ging es dann »ah, servus« und so weiter. Da kannten wir uns schon alle untereinander. Es war noch ein bißl lustig, nicht so ernst. Wir wußten, das hängt mit dem Mussolini zusammen, und wir werden bloß ein bißl weggetan, solange, bis der wieder weg ist.

Meistens wurden wir in die Ettstraße gebracht. Unter ganz schwierigen Verhältnissen. Nach dem Attentat im Bürgerbräukeller zum Beispiel, waren wir, glaube ich, 30 oder 40 Leute in der Zelle 13. Die hatte nur ein kleines Fenster. Das war grausam, eine Luft zum Umfallen. Da haben wir aber trotzdem sehr gut zusammengehalten. Per Genosse ist da geredet worden in der Zelle. Wir rauchten bloß eine halbe Stunde lang und nur in der Ecke der Zelle und so weiter, weil man sonst umgefallen wäre. Dann haben wir uns Themen gestellt und darüber diskutiert. Da blieben wir also ganz unter uns. Das war ganz interessant.

Das dauerte immer zwischen drei und vier Wochen. Bei Mussolini ein bißl kürzer, weil es, als der weg war, wieder vorbei war. Aber drei, vier Wochen hat es sonst schon immer gedauert. Es war also eine schöne Nervenmühle.

Ich kann mich noch genau erinnern. Beim letzten Mal – das war im Wittelsbacher Palais, der Zellenbau war schon da – haben sie es sehr spannend gemacht. Da hat der SS-Mann gesagt: »Machen Sie sich fertig, Sie kommen nach Dachau.« Da kämpft man schon – wenn man weiß, was auf einen zukommt – eine ganze Zeit, bis man sich faßt. Dann hatte ich diese Fassung und habe mir gedacht, da mußt du auch noch durch. Ich ging runter, und wir marschierten im Gänsemarsch auf diesen schwarzen Wagen zu, der schon bekannt war als der Wagen, der nach Dachau fährt. Ich war der erste und als ich die Türklinke in die Hand nehmen wollte, sagte der SS-Mann: »Links um und ins Haus.« Da stand dann dieser semmelblonde Leiter der Gestapo und hat uns noch einmal schwer gewarnt. Mich besonders, warum weiß ich nicht. Dann sind wir entlassen worden. Ich sehe mich noch stehen in der Prinz-Ludwig-Straße. Ich hatte Schweiß auf der Brust, und mir haben die Knie geschlottert. Nervlich hat mich das fertiggemacht. Ich bin dann zu Fuß durch den Hofgarten die Straße hinuntermarschiert. Dann hat sich das wieder einigermaßen ausgeglichen. Das war eine Art von seelischer Folter.

Einmal haben sie mich direkt vom Geschäft weggeholt, und das war dann natürlich schon schwierig. Man war eigentlich, wenn ich so nachdenke, die ganze Nazizeit über, immer auf Abruf, immer auf dem Sprung. Man war auch nervlich so geschockt, daß, wenn zum Beispiel in der Frühe um sechs Uhr der Kaminkehrer läutete, es mir immer das Messer reingehaun hat; da habe ich immer gedacht, auweh, Gestapo. Das habe ich auch noch danach gehabt. Ich habe mindestens ein halbes Jahr danach noch Zeit gebraucht – mit größter Willensanstrengung –, daß ich da nicht mehr erschrak in der Früh. Das war durch die vielen Verhaftungen so in Fleisch und Blut übergegangen.

Nach der Entlassung aus Dachau kam eine schwierige Zeit. Die bis dahin bestehenden illegalen Apparate waren weitgehend zerschlagen. Es gab kaum eine organisatorische Bindung von Gruppen, die gegen die Nazis gearbeitet haben. Außerdem war es auch so, daß man als ehemaliger Häftling, der im Konzentrationslager war, Leute, mit denen man Kontakt aufnimmt, gefährden würde. Schon aus dem Grund war es geboten, nicht mit solchen Gruppen, soweit überhaupt noch welche vorhanden waren, zu arbeiten. Man hat selbstverständlich Kontakt untereinander gehabt. Man hat sich gekannt, die ganze Zeit hindurch. Man hat sich auch, soweit das finanziell möglich war – wir waren alle in relativ ärmlichen Verhältnissen – unterstützt, wo Not am Mann war. Man hat die Frau unterstützt, wenn ihr Mann weggeholt wurde und solche Dinge. Darüber ist gar nicht geredet worden. Das ist ganz selbstverständlich untereinander organisiert worden.

Einmal bekam ich über Freunde Kontakt mit dem Grenzsekretär der SOPADE, der Exil-SPD, Waldemar von Knoeringen, der in Neuern gleich hinter der tschechischen Grenze arbeitete. Zusammen mit einem Genossen, dem Gottlieb Branz, ging ich zwischen Lam und Zwiesel über die Grenze, dort erwartete uns schon der Knoeringen. Wir fuhren erst zusammen nach Neuern, dann nach Prag. Dort trafen wir mit dem Vorstand der SOPADE zusammen und gaben ihm Informationen über die Lage in München. Aber das Treffen war nicht sehr konstruktiv, die waren doch schon zu weit vom wirklichen Geschehen daheim entfernt.

Ab und zu bekam man noch über frühere SPDler oder Kommunisten die auf Dünndruckpapier gedruckten Zeitungen aus dem Ausland. Aber eigentlich gezielte organisatorische Tätigkeit ist in der Zeit nach meiner Entlassung aus Dachau bis zu meiner Einberufung zur Bewährungseinheit 999 nicht mehr gewesen. Organisatorische Formen hat es erst dann wieder mit den Genossen der verschiedensten politischen Richtungen in der Bewährungseinheit gegeben, wo wir die Chance dazu und

ein Vertrauensverhältnis untereinander hatten. Aber heraußen blieb es relativ schwierig. Es war doch alles zerschlagen,
und man durfte, wie gesagt, auch nicht die, die noch da und
dort etwas getan haben, gefährden, weil man natürlich immer
unter Beobachtung stand. Man hat zu dem Personenkreis gehört, den die Nazis im Auge hatten, und wenn man dann illegal arbeitende Leute aufgesucht hätte, wären sie gefährdet
gewesen, und das hätte sich nicht gelohnt. Die Bereitschaft
zum Widerstand war zweifellos vorhanden. Aber das war eine
taktische Frage, es hätte sich wirklich nicht gelohnt.

Im Oktober 1942 wurde ich innerhalb von drei Tagen zur Be-
währungsdivision 999 am Heuberg einberufen. Da hat sich
herausgestellt, daß dort so ca. 15 bis 20 Prozent ehemalige
politische Häftlinge waren. Das übrige waren Kriminelle. Kriminelle mit Gänsefüßchen, weil auch solche darunter waren,
die einmal eine Sau schwarz geschlachtet haben. Es waren
aber auch ausgesprochene Berufsverbrecher dabei. Die Offiziere waren ausgesuchte NS-Führungsoffiziere. Ab dem Leutnant. Aber die unteren Mannschaften, Hauptfeldwebel, Feldwebel, Unteroffiziere, Gefreite und so weiter, die hatten einfach einen Marschbefehl gekriegt zum Heuberg. Die waren
dann ganz überrascht, zu was für einem Haufen sie da kamen.
Die hatten Angst, und sie wußten auch, daß sie mit uns nach
der Ausbildung in den Einsatz gehen. Das war ein Fehler. Ich
war Richtschütze bei dem Panzerabwehrgeschütz 7,5, und da
war so ein Unteroffizier mein zuständiger Mann. Der hat mich
gleich einmal herausgeholt und gesagt, ich habe den Hals voll,
ich war in Rußland, und du hast ihn wahrscheinlich auch voll.
Wir machen einen Vertrag miteinander. Du schaust, daß das
mit deiner Besatzung – wir waren sieben oder acht Leute bei
dem Geschütz – in Ordnung ist, und ich schaue, daß wir von
oben unsere Ruhe haben. Das haben wir auch so gemacht.
Das war ein anständiger Bursche.

Später haben sie Leute gebracht, die sie direkt aus dem Moor-
lager holten und aus dem Zuchthaus, mit einem Aufseher mit
Karabiner. Diese Gefangenen waren furchtbar ausgehungert.
Wir hatten so eine Baracke – ich sehe das noch wie heute –,
aus der die Kartoffelschalen unten rausgefallen sind, und die

sind sofort über die Kartoffelschalen hergefallen. Aus den Schalen haben sie dann so einen Stampf gemacht und haben das gegessen. Die waren vollkommen ausgehungert. Es war sehr schlimm.

Die haben auch erzählt aus dem Lager, daß sie furchtbar behandelt und mißhandelt worden sind. Die kamen von Esterwegen und so. Wir verständigten uns rasch untereinander und hatten sogar außerhalb unserer Kompanie über das ganze Bataillon – auch bei den anderen Kompanien – unter den Politischen Kontakt.

Einmal sind wir im Hof marschiert, und da haben wir das Lied singen müssen »Ja, wir sind Soldaten, wollen Soldaten sein und bleiben«. Da haben wir ausgemacht, jetzt singen wir mal »müssen Soldaten sein«; das haben wir dann auch gemacht, und zwar ganz betont. Das hat sich fortgesetzt, denn die Kriminellen haben sich da immer so nach uns gerichtet. Die haben also auch mitgesungen. Der Unteroffizier hat ein Mordsgeschrei gemacht. Dann sind wir bis in die sinkende Nacht marschiert und wir haben schon Parole durchgegeben, aufzuhören, weil sich das nicht lohnt. Es sollte wieder gesungen werden »wollen«, aber es war nicht mehr aufzuhalten, einer hat immer wieder »müssen« gesungen.

In Südfrankreich sind wir dann akklimatisiert worden für Afrika, weil da ja schon so ein entsprechendes Klima war. Dann kam eine sehr schöne Fahrt, die Küste entlang bis Neapel auf einem offenen Güterwagen. Das Geschütz war mit drauf und ein Zelt haben wir mit dabei gehabt. Zum Fressen haben wir wenig gehabt, aber die Fahrt war ganz schön.

In Neapel quartierte man uns dann in der Kaserne ein. Die anderen fuhren mit irgend so einem Zerstörer weiter, in den sie reingedrängt wurden wie in Sardinenbüchsen. Damals haben die Engländer ja schon das Mittelmeer beherrscht. Es war alles sehr schwierig. Sie kamen aber heil rüber. Ich bin dann nachts alarmiert worden und bin mit einer Ju, samt Geschütz und Besatzung, nach Tunis rübergeflogen worden. Wir wurden untergebracht in der General-Foch-Kaserne, das war am 17. März 1943.

Wir kamen dann vor Kaioran zum erstenmal zum Einsatz. Wir

hatten damals große Zelte, die im Sand eingegraben waren. Wir Politischen haben uns in zwei Zelten getroffen und dort ernsthaft beratschlagt. Da war ein Trotzkist, ein anderer war KJler aus Berlin und einer kam von der SAJ. Wir bekannten uns zu den unterschiedlichsten politischen Richtungen, waren aber alle Gegner der Nazis. Da haben wir beratschlagt, was jetzt zu tun sei. Wir hatten Mordsillusionen und haben gesagt, also gut, wir gehen in Gefangenschaft, und wir lassen uns auch wieder einsetzen, aber nur unter bestimmten Bedingungen. Wir gehen nicht gegen die normalen deutschen Soldaten. Wir hatten also Mordsillusionen, sind aber natürlich nie in die Lage gekommen, sie zu verwirklichen. Ich will damit nur sagen, daß solche Beratungen möglich waren, ohne daß was hochgegangen ist.

Wir gingen dann in Einsatz. Wir waren, wie gesagt, die Feuerwehr und sind überall hingeschmissen worden; die Italiener hatten ihren Krieg sowieso schon in Lybien verloren gehabt. Am Tag der Kapitulation lagen wir auf einem Hügel und haben hinuntergeschaut auf die Ebene von Tunis. Wir verfügten noch über 30 riesige 7,5 Granaten. Der Oberbefehlshaber der Heeresgruppe Afrika hat die Kapitulation bekanntgegeben damals. Das war am 9. Mai 1943. Dann kam plötzlich durch: Führerbefehl aus dem Hauptquartier, Kampf bis zur letzten Patrone. Das weiß ich noch bis heute. Wir saßen da bei dem Geschütz, und dann kam unser Unteroffizier – irgend so ein Berliner Stöpsel – im Stahlhelm und schrie: »Fertig machen, wir kämpfen bis zur letzten Patrone.« Ich saß auf dem Holm. Ich weiß das noch wie heute und sagte, das kann schon sein, daß du kämpfst, wir nimmer. Da war der vollkommen fassungslos und wußte nicht mehr, was er machen sollte. Dann ist er noch ein bißerl umeinandergehüpft, und dann hat er sich wieder beruhigt.

Am anderen Tag war dann sowieso die Kapitulation. Ein großer Teil von uns hat gleich die Gewehre zusammengeschlagen, und dann sind wir mit einem riesigen weißen Bettuch – es war Marschbefehl auf irgendeinen Paß – zu den Engländern in Gefangenschaft marschiert. Das ging noch den ganzen Tag und die ganze Nacht und noch einmal einen Vormittag lang.

Die alten Afrikakämpfer sind immer noch irgendwo mit dem Maschinengewehr rumgelegen. Dann haben wir da irgendeinen General getroffen, der auch in Richtung auf Kapitulation marschiert ist, mit seinen Truppen. Ich glaube, es waren Rommel-Leute. Mit dem haben wir dann verhandelt, und dann hat er gesagt, wir könnten uns anschließen, aber das Bettuch müßten wir runtertun. Der wollte nicht unter der weißen Fahne marschieren. Dann haben wir also unser Bettuch runtergetan und sind mit denen marschiert. Am letzten Vormittag ist noch Artilleriebeschuß gewesen. Dann sind wir bei den Engländern eingetroffen. Die Rommel-Leute sind dann ganz stramm mit Paradeschritt nach dem Motto »Heute gehört uns Deutschland und morgen die ganze Welt« marschiert. Wir sind ganz undiszipliniert hinten nachgelaufen. Ja, so waren wir dann bei den Engländern in Gefangenschaft.

Wir kamen in ein Lager außerhalb von Tunis. Da waren die Gefangenen in Kompanien eingeteilt. Wir waren die 10. Kompanie, wir, lauter 999er. Nebendran war ein englisches Truppenlager, dort haben sie deutsche Soldaten verwendet zum Provianttransport. Da haben sie immer von jeder Hundertschaft ein paar raus und von uns waren auch zehn dabei. Wir haben dann gleich angeschafft, was irgendwie ging. Wir hatten ja so wenig zum Fressen. In diese Afrikahosen – die waren so, wie die alten Norwegerhosen – konnte man einiges reintun. Dann waren die deutschen Generale da. Die haben da irgendwie Wind bekommen. Die standen draußen und sagten »Halt«, und dann mußten die ganzen Kommandos ihre Sachen rauslegen und wieder abliefern. Dann kamen sie an unsere Leute. Da war der Feske Karl aus Berlin, der Wortführer. Der General hat gesagt, legen Sie die Sachen raus. Zucker und was da so alles organisiert worden ist. Dann hat der Feske gesagt, nein, das tun wir nicht raus. Der andere wollte nicht glauben, daß man einem General den Befehl verweigert. Da geht ja die Welt unter. Er hat furchtbar geschrien. Der Soldat Feske hat auch geschrien. Dann war der General so erstaunt, daß er gesagt hat, wegtreten, wir sprechen uns später. Dann sind unsere Leute wieder zu uns gekommen, und wir haben den Proviant verteilt. Es dauerte vielleicht zwei Stunden, dann kamen sie an, mit einem ganzen Stab: 30 Offiziere und Feldwebel und so. Sie kamen herein und sollten die Leute in Arrest nehmen. In den Lagern ist es so gewesen, daß Löcher gegraben worden sind und da hat dann jemand wegen irgendeiner Geringfügigkeit den ganzen Tag in der Sonne stehen müssen. Das haben deutsche Offiziere verhängt. Es lautete dann: »Mitkommen, Sie kommen in Arrest.« Wir haben sie natürlich umringt. Wir waren ja andere Leute, und dann kam der ganze Haß zum Ausdruck. Alles haben die von uns gehört, von Hitler und so weiter.

Die sind gar nicht mehr zu Wort gekommen, die sind niedergeschrien worden. Aber dann ist es natürlich mulmig geworden; das war ein Riesenlager mit etwa 10 000 Gefangenen. Die hätten uns natürlich liquidiert, das ist gar keine Frage. Das haben die Engländer offensichtlich gemerkt, denn auf einmal hieß es packen, Sie kommen raus.

Wir sind dann nach Amerika verschifft worden. Unsere Einheit war immer noch zusammen. Da haben wir hin und her diskutiert. Es gab ein Lager bei New York, Fort Davens, das war ein Antifaschisten-Lager, wo nur unsere Leute hinkamen. Aber ich war immer schon ein bißchen komisch. Ich habe gesagt, ich lasse mich nicht isolieren. Ich muß danach in einem neuen Deutschland mit den Leuten wieder zusammensein, ich gehe jetzt zusammen mit ihnen in ein »normales« Lager. Vielleicht war es blöd, ich weiß es nicht.

Die Hälfte von unserer Einheit ging jedenfalls nach Fort Davens, wir anderen kamen in ein Lager nach Lousiana, da am Mississippi und Red River, eine grausame Gegend mit einem schrecklichen Klima. Wir haben dann im Zuckerrohr und in der Baumwolle gearbeitet. Es war eine harte Zeit.

Die alten Nazis haben sich auch in den Lagern noch wie früher aufgeführt. Einmal ist mir folgendes passiert: Wir marschierten in einer Gruppe von 30 bis 35 Mann zum Zahnarzt. Auf dem Weg begegnete uns eine Gruppe amerikanischer Offiziere. Damals war in der deutschen Armee am Schluß eingeführt worden, daß auch der normale Soldat mit »Heil Hitler« grüßt. Und wie die Unseren halt so sind – ich war der einzige, der anders war – grüßen sie alle, und ich mache nur so eine

Blickbewegung. Die haben uns halten lassen und irgend so ein Oberst oder so was von den Amis hat mich herausgeholt und gefragt, ob ich nicht wüßte, wie ich zu grüßen hätte. Dann ist mir aber der Kragen geplatzt. Dann habe ich so geschrien, auf englisch, daß ich das jetzt schon ganz gewiß wissen möchte – und wenn es bis zum Präsidenten von Amerika ginge –, ob man mich als deutschen Antifaschisten zwingen kann, in einem amerikanischen Kriegsgefangenenlager mit »Heil Hitler« zu grüßen. Ich habe das daheim nicht getan, und jetzt sollte ich das in Amerika tun. Das ist dann hin und her gegangen. Andere haben dann beschwichtigt und das ganze hat sich in Wohlgefallen aufgelöst. Das hätte natürlich genauso gut ins Auge gehen können, mit 14 Tagen Arrest oder so. Das bloß als kleines Beispiel, wie das damals war. Die Amis haben sich alles gefallen lassen von den Nazis dort, solange der Krieg gedauert hat.

Eines Tages wurde ich dann in das Büro der Kommandatur geholt. Da war eine Offizierskommission, die Leute gesucht hat zur Zusammenarbeit mit der Militärregierung. Die wollten sie auf Schule schicken. Ich wurde ausgesucht und kam nach Boston in ein Schulungslager. Da kamen wir nach endlosen Fragereien – so als letzter Clou obendrauf – an einen Lügendetektor. Da hat ein Ami erklärt, daß sie mit diesem Gerät die größten Verbrecher in Chicago entlarvt hätten. Das ist so, wie in Lourdes, man muß dran glauben. Wir saßen dann mit bloßem Oberkörper da und hatten so Dinger dran wie auf einer Intensivstation nach einem Herzinfarkt. Es lief ein Band über so einen Apparat und es wurden uns 30 Fragen gestellt. »Haben Sie heute gut gefrühstückt?«, »Haben Sie je eine Frau gegen ihren Willen gebraucht?« So absurde Fragen sind mir noch im Gedächtnis geblieben. Zwischendrin wurde dann gefragt, »Waren Sie Mitglied der SS?« und solche Dinge. Das Gerät sollte dann ausschlagen, wenn man lügt. Das ganze haben sie dann in anderer Zusammenstellung dreimal wiederholt, und wenn er dann dreimal an der selben Stelle – bei der SS – ausschlug, dann war man weg vom Fenster. Ich bin klar durchgekommen, obwohl er mich einmal gefragt hat, »Sind Sie für ein sozialistisches Deutschland?« Da habe ich direkt gemerkt, wie mir die Wärme aufsteigt. Aber das war noch nicht registriert. Ich habe das anscheinend doch noch stoppen können. Irgendwas war da, jedenfalls ist nichts passiert.

Als wir dann in der Schule waren – da waren dann lauter Offiziere; ich war der einzige Soldat – hatten sie einen Lehrer im deutschen Strafrecht gehabt, der – laut Dokumenten-Center in Berlin – SS-Standartenführer gewesen war. Bei dem hatte nichts ausgeschlagen, und den haben sie dann doch noch hinausschmeißen müssen.

Außerdem haben wir noch so einen bürstenhaarigen Oberst gehabt, das war der Leiter von dem Schulbetrieb. Man konnte dort auch Pakete empfangen, und ich habe den Oskar Maria Graf gut gekannt von München her. Ich habe auch noch andere Bekannte gehabt, den Otto Kasch und so. Die waren ein bißl untereinander in Verbindung in Amerika. Graf hat mir den »German-American« abonniert, das war eine kommunistisch-amerikanische Zeitung. Das war so ein Wochenblättchen, nicht groß, und immer in der Früh, wenn die kam, hat der Oberst mit finsterem Blick und gefletschten Zähnen gesagt: »Mister Lörcher, ›German-American‹«. Das war dem gar nicht recht, aber es war halt so. Sie haben das dann auch toleriert.

Wir hatten in amerikanischer Geschichte einen Professor Frankfurter. Das war, glaube ich, ein Jude, ein ehemaliger Deutscher von der Harvard-University. Das war ein recht netter Mann, der sehr progressiv war. Da haben wir auch über die Rassentheorie gesprochen.

Da saß aber hinten immer ein Überwachungsoffizier. Wir hatten als Studenten unseren Namen und unsere Nummer auf dem Hemd. Ich sage also, ich war in Lousiana und habe Baumwolle gepflückt, und ich habe gesehen, was da los ist. Mich lauste wieder einmal der Affe, und ich sagte, wir brauchen uns nicht über die Rosenbergsche Rassentheorie oder über den Mythos des 20. Jahrhunderts streiten, da sind wir einer Meinung, aber ich möchte schon sagen, daß das Rassenproblem in Amerika keineswegs gelöst ist und habe dann auch Beispiele erzählt. Mit dem Ergebnis, daß der Offizier hinten aufstand und sich meinen Namen notiert hat. Dann haben wir zwei Tage – der Professor hat noch mitgeholfen – mit dem gerungen, sonst wäre ich nach Frankreich ins Bergwerk gegangen. Bloß wegen dieser Äußerung.

Na schön, das ging vorbei und wir gingen auf Transport. Mit einem großen Truppentransport mit amerikanischen Soldaten sind wir rübergefahren auf dem Schiff. Gekotzt haben wir die ganzen acht Tage, die wir unterwegs waren. Wir gingen in Le Havre an Land und kamen in ein Kriegsgefangenenlager. Da hatten irgend ein amerikanischer Sergeant, der korrupt war, und ein deutscher Offizier, der schon im Baltikum war – irgend so ein Nazi, so ein SS-Mann – die Lagerführung zusammen. Es herrschten dort furchtbare Zustände. Wie wir reingekommen sind, da hat es gerade geregnet. Da ist einer nackt im Regen gestanden, der hat irgendeine Lagerstrafe gehabt. Es ist schon aufgefallen, daß die, die bei der Lagerpolizei waren, alle solche Köpf' gehabt haben, und die anderen waren alle ausgehungert und ganz ausgemergelt.

Dann ging es weiter durch ganz Frankreich. Wir hatten so amerikanische Mäntel, mit PW – Prisoner of war – drauf und goldenen Knöpfen. Die Franzosen haben mit Koks-Brocken auf uns geschmissen in den Bahnhöfen, wenn sie uns gesehen haben, was verständlich ist. Ich habe mir immer gesagt, die können mich nicht treffen, die treffen die anderen.

Über Darmstadt bin ich dann am 17. Dezember 1945 entlassen worden. Ich habe zufällig irgendwo eine Lokomotive erwischt und bin auf dem Kohlenwagen nach München gefahren. Ausgeschaut habe ich wie ein Kaminkehrer. Ich stand dann in München am Hauptbahnhof und schaute mich um. Da hat man überall durchschauen können. Ich war ja lange nicht mehr da. Es war alles zusammengeschlagen. Es hat furchtbar ausgeschaut.

Mein Bruder hatte ein Häusl in der alten Kämpfersiedlung am Perlacher Forst, und da hat auch meine Frau gewohnt. Ich habe mich dahin durchgeschlagen. Ich kam dort an, aber ich habe so ausgeschaut . . . Meine Frau ist raus aus dem Häusl und ich hinein, die hat mich gar nicht gekannt. Die hat gemeint, da kommt irgendeiner, der auch wieder ein Stück Brot will oder sonst was. Aber ich war endlich wieder daheim.

Wenn ich heute überlege, ob ich persönlich den gleichen Weg noch einmal gehen würde, ich glaube, ja. Die Zeit in der SAJ, in der Gewerkschaft, die hat mich geprägt. Wir haben gelesen, gelernt und diskutiert. Ich wäre mir wie ein Schweinehund vorgekommen, wenn ich diesen einmal eingeschlagenen Weg auch nach der Machtergreifung der Nazis nicht weitergegangen wäre.

Ich sehe das heute so: Wir, die wir damals den Widerstand gewagt haben, wir haben uns in den Graben gelegt, als eine Brücke. Das deutsche Volk ist uns nicht gefolgt. Aber, daß es Widerstandskämpfer gab, das ist für die Arbeiterbewegung und für das deutsche Volk wichtig.

Käme ich noch einmal in eine ähnliche Situation wie 1933, ich könnte nicht anders handeln als damals.

Ernst Walz
Sieben Jahre Buchenwald

In weiten Kreisen der Arbeiterbewegung wurde die Nazi-Herrschaft als eine vorübergehende Erscheinung angesehen. So hatten die ersten Widerstandsaktionen die Aufgabe, die organisierten Arbeiter zusammenzuhalten und sie auf den Tag X, an dem das Hitler-Regime unausweichlich stürzen würde, vorzubereiten. Dazu wurden Flugblätter gedruckt und verteilt, Exil-Zeitungen verbreitet, wobei die Bezieher oft genug dadurch in große Gefahr gebracht wurden.

Doch der Gestapo gelang es, die Gruppen und Zellen des Arbeiterwiderstandes bis zum Jahre 1938 nahezu vollständig zu zerschlagen. Bis Kriegsbeginn 1939 waren rund 300 000 Antifaschisten aus der Arbeiterbewegung in Zuchthäusern und Konzentrationslagern eingekerkert. Die Gruppen, die dem Zugriff der Gestapo entkamen, stellten deshalb schon Mitte der dreißiger Jahre ihre Arbeitsweise um. Das risikoreiche Schriftenverteilen wurde eingestellt, und es wurde begonnen, Kader zu bilden und zu schulen, die nach dem Zusammenbruch, und das hieß damals schon nach dem verlorenen Krieg, der unwiderruflich kommen würde, mithelfen sollten, das Land wieder aufzubauen und einen demokratischen Staat zu errichten.

Durch den Beginn des Zweiten Weltkriegs bekam der Widerstand neuen Auftrieb. Es gab Kontakte zu bürgerlichen und kirchlichen Oppositionellen. Fast unbekannt ist, daß unter den Männern des 20. Juli 1944 neben den Offizieren wie Stauffenberg und Moltke zahlreiche Sozialdemokraten und Gewerkschafter wie Leuschner, Mierendorf, Leber oder Haubach eine führende Rolle spielten.

Zu einer der ersten Gruppen, die in Nürnberg von den Nazis aufgerollt wurden, gehörte der Schreiner Ernst Walz. Im Februar 1935 wurde er im Nürnberger SPD-Hochverratsprozeß zusammen mit 35 Genossen verurteilt. Nach seiner Zuchthausstrafe verbrachte er sieben Jahre im KZ Buchenwald, wo er 1945 befreit wurde.

Ich bin im Oktober 1909 geboren, stamme aus einer Arbeiterfamilie, mein Vater war Zimmermann und seit 1912 in der SPD. Mein Vater war während des ganzen Ersten Weltkrieges Soldat, die Mutter war mit den sechs Kindern allein zu Hause. Ich bin 1923 aus der Volksschule gekommen und begann mit 13½ Jahren die Lehre als Schreiner. Dreieinhalb Jahre Lehrzeit bis Oktober 1926 mit Gesellenprüfung als Tischler, dann weitergearbeitet bis 1929/30 als Tischler. Nach meiner abgeschlossenen Berufsausbildung habe ich mich zunächst einmal beruflich weitergebildet im »offenen Zeichensaal«. Das ist der Vorläufer von der Berufsoberschule und wurde von den Nazis später verboten.

Wir wohnten in einer Siedlung, die vorwiegend Arbeitersiedlung war, von Sozialdemokraten bewohnt. Die Siedlung war nach dem Ersten Weltkrieg 1918 vom damaligen Arbeiter- und Soldatenrat gegründet worden. Hier wohnen auch jetzt noch meistens kinderreiche Leute, Arbeiterfamilien und überwiegend Sozialdemokraten. Mit 18 bin ich in die SPD eingetreten und habe mich damals gleich aktiv beteiligt. Ich war auch Mitglied des Reichsbanners.

Wir haben damals schon versucht, gegen den Nationalsozialismus zu agitieren und zu kämpfen und für unsere Ziele, für den Sozialismus, zu wirken. Für uns war es eine bittere Enttäuschung, daß es 1933 doch soweit kam, daß der Nationalsozialismus die Macht übernommen hat, und wir haben uns dann in einem Kreis von zuverlässigen Genossen zusammengefunden. Es waren nicht nur junge Genossen, sondern auch ältere, ja alte Genossen, mit dem Ziel zunächst einmal, den Zusammenhalt unter uns aufrechtzuerhalten. Dann war natürlich auch für uns wichtig, überhaupt Informationen zu erhalten. Es gab ja damals keine Pressefreiheit mehr, es wurde alles von den Nazis zensiert, es durfte nichts in die Zeitung, was ihnen nicht genehm war. Da waren wir natürlich daran interessiert zu erfahren, was geht in der Welt um, was geht in Deutschland vor?

So haben wir zunächst versucht, uns hier zusammenzutun, versucht Informationen zu sammeln. Hier in meiner Straße wohnte nun ein Genosse namens Fritz Munkert, der war der Gartennachbar vom früheren Reichstagsabgeordneten Hans Dill, der Parteisekretär vom Bezirk Franken war, und der 1933 auf unser Anraten hin in die Emigration, in die Tschechoslowakei, ging. Da bestanden also durch den Genossen Munkert Beziehungen dorthin zu dem Genossen Hans Dill, der wiederum mit Hans Vogel zusammenarbeitete. So wurden hier von uns die Beziehungen zu der emigrierten Partei aufgenommen. Munkert war einige Male drüben in der Tschechoslowakei. Dann fragte man mich, ob ich auch mal rüberfahren würde. Das habe ich dann gemacht, ausgestattet mit Informationen.

Munkert hat mich zunächst an den Genossen Mörtl nach Weiden verwiesen. Ich bin an einem Samstagnachmittag mit dem Zug nach Weiden gefahren, der Genosse hat mich von Weiden dann nach Floß verwiesen an einen Gastwirt, bei dem habe ich übernachtet. Der wußte schon, was ich wollte. Am anderen Tage bin ich als Tourist getarnt mit Rucksack zu Fuß weitergelaufen bis zur Silberhütte an der tschechischen Grenze. An der Silberhütte vorbei, nach vielleicht 500 Metern, kommt man an die Grenze und an der Grenze entlang sind es vielleicht noch zehn oder fünfzehn Minuten bis zum verabredeten Treffpunkt. Dort hat mich jemand von drüben erwartet und mich in die nächste Ortschaft geführt, nach Altpocher. Das ist die Ortschaft, wo ich mit Hans Dill zusammengekommen bin.

Wir haben Informationen ausgetauscht. Dann hat er mir Material übergeben: Es war der »Neue Vorwärts«, und es waren verschiedene getarnte Schriften, die alle in Miniaturdruck hergestellt waren. Die wurden mir in einer Bauchbinde um den Bauch gebunden, und den Rest verstaute ich im Rucksack. Der Genosse von drüben hat dann an der Grenze ausspioniert, ob die Luft rein ist, und hat mich anschließend bis zur Grenze gebracht. So bin ich am Sonntag, am späten Nachmittag, zurückgelaufen nach Floß und bin von dort aus nach Weiden und wieder nach Nürnberg gefahren. Dann habe ich hier dieses Material weitergegeben an einen Genossen. Der hat für die Weiterverbreitung gesorgt.

Ich bin nach ungefähr drei Wochen ein zweites Mal rübergefahren, wieder auf dieselbe Art. Das erste Mal muß etwa im September 1933 gewesen sein. Im November wurde dann zwischenzeitlich ein Genosse aus Fürth, der auch zum zweitenmal rüberwollte, bei dem Genossen in Weiden verhaftet. Nun konnte er sich noch gut ausreden, da man bei ihm nichts gefunden hat, weil es der Hinweg war. Er wurde aber trotzdem vor dem Sondergericht zu drei Jahren Gefängnis verurteilt wegen Verdachts illegaler Tätigkeit.

Wir haben dann natürlich den Weg über Weiden nicht mehr genommen, sondern wurden instruiert, daß wir in Furth im Walde einen anderen Weg hatten, wo wir das Material dann rüberholen konnten. Ich bin einige Male nach Furth im Walde gefahren, auch wieder nur nach einer Beschreibung, wie wir uns von Furth aus zu bewegen hätten. Ich kannte ja die Gegend wenig. Es hat aber auch dort wieder geklappt. Ich habe das Material erhalten. Es war eine größere Menge, sogar teilweise in meinem Rucksack verstaut.

Ich habe einen Teil des Materials in Schwandorf am Bahnhof, wo ein Genosse auch schon verständigt war, übergeben, der es dann in Schwandorf und Amberg und nach Regensburg an die Oberpfälzer Genossen weitergegeben hat. Das andere Material wurde wieder hier in Nürnberg übergeben und verteilt. Ich habe direkt mit der Verteilung nichts zu tun gehabt, habe allerdings einige Exemplare auch an mir gutbekannte Freunde und Genossen weitergegeben. Aber das meiste wurde von anderen verteilt. Man hat mich bewußt von den anderen illegalen Tätigkeiten ferngehalten, da ich ja als »Kurier« tätig war.

Es waren ungefähr 20 Genossen, die in irgendeinem Bereich tätig waren. Es waren auch Kontakte zu anderen Gruppen da, nach Maxfeld und nach Fürth. Wir hatten neben den Verbindungen nach Schwandorf, Amberg und Regensburg auch nach Würzburg Verbindung durch einen Genossen, der früher hier in Nürnberg tätig war und dort bis 1933 beim Würzburger

Volksblatt, bei der sozialdemokratischen Zeitung, angestellt war. Auch der wurde von uns mit Material beliefert.

Wie es zur Verhaftung kam, das ist bis heute noch nicht geklärt. Ob es ein Zufall war, oder ob es ein Polizeispitzel war, der die Verhaftung von drei Genossen hier bei uns zustande brachte. Es tauchte jedenfalls eines Tages bei einem Genossen eine Frau aus Würzburg auf, die angab, sie wäre dort verfolgt und müßte emigrieren, und wir sollten sie in die Tschechoslowakei bringen. Nun waren die Genossen, die sich mit der Frau befaßt haben, selber etwas unsicher. Einer wollte nach Würzburg und sich bei dem Genossen in Würzburg erkundigen. Der andere hat die Frau bei sich übernachten lassen. Am anderen Tag war die Frau verschwunden. Und es dauerte nicht lange, da wurden die drei Genossen verhaftet. Es ist nicht geklärt, war's ein Polizeispitzel oder war es Unvorsichtigkeit von der Frau. Auf jeden Fall wurden die drei Genossen verhaftet, zwei davon kamen sofort nach Dachau, nicht zur Polizei oder ins Untersuchungsgefängnis, sondern sofort nach Dachau. Und der Dritte wurde hier behalten in Untersuchungshaft. Parallel zu diesen Verhaftungen war in Nürnberg noch ein anderer Genosse verhaftet worden, der Betriebsrat in einer Firma war, und das Material, das wir verteilten, in einem Schrank in seinem Betriebsratszimmer aufbewahrt hat. Als er dann als Betriebsrat abgelöst wurde, fand man eben dieses Material, und er wurde verhaftet. Dann wurden im Zusammenhang mit dieser Verhaftung natürlich auch noch andere geschnappt.

Nachdem man die ersten drei Genossen von uns verhaftet hatte, war für mich die Frage, was soll ich machen? Soll ich untertauchen, oder soll ich in die Emigration gehen? Und nach reiflicher Überlegung hatte ich mich entschlossen, zu bleiben. Ich bin dann am 4. Mai 1934 verhaftet worden. Nach Vernehmungen im Polizeipräsidium wurde mir ein Genosse gegenübergestellt. Nachdem ich zunächst geleugnet hatte, habe ich mich nach der Gegenüberstellung zu einem Geständnis bereiterklärt und habe die Sache eingestanden. Ich bin nach drei Wochen Polizeihaft in das Untersuchungsgefängnis eingeliefert worden, wo ich bis zum Januar 1935, also ungefähr acht Monate, in Untersuchungshaft war, in Einzelhaft. In der Zwi-

36 Urteile im
SPD.-Hochverratsprozeß

[ ] München, 5. Febr. (Drahtbericht.)

Vor dem Obersten Landesgericht spielt sich gegenwärtig der Prozeß gegen die Personen ab, die den hochverräterischen Versuch unternommen haben, in Verbindung mit der Prager marxistischen Emigration einen geheimen Funktionärsapparat der aufgelösten und verbotenen SPD. aufzuziehen. In öffentlicher Sitzung wurden bis jetzt 36 Urteile gefällt.

Durch die Urteile wird klar, daß es sich bei der Aufdeckung und Aushebung des Komplotts um eine polizeiliche Aktion größten Ausmaßes gehandelt hat, die die Polizeidirektion Nürnberg-Fürth in aller Stille und mit umfassender Wirkung durchgeführt hat.

Die Schwere der hochverräterischen Umtriebe ist ersichtlich aus den vom Obersten Landesgericht gefällten Urteilen: Gegen 16 der Angeklagten wurden hohe Zuchthausstrafen ausgesprochen, im Höchstfalle 5½ Jahre Zuchthaus. Gegen sämtliche 16 Verurteilten wurde auf Ehrverlust in der Dauer von 3 bis 5 Jahren erkannt.

20 Angeklagte wurden zu Gefängnis bis zu 2½ Jahren verurteilt. Der Fortgang des Prozesses wird, wie wir hören, das Oberste Landesgericht noch auf Wochen hinaus beschäftigen.

Bei den Verurteilten handelt es sich um folgende Personen:

Zuchthausstrafen

Stöhr Heinrich, Weiherhof, B.-A. Fürth, 5 Jahre 6 Monate Zuchthaus, 5 Jahre Ehrverlust;
Umrath Andreas, led., Nürnberg, 5 Jahre Zuchthaus, 5 Jahre Ehrverlust;
Walz Ernst, led., Nürnberg, 4 Jahre Zuchthaus, 5 Jahre Ehrverlust;
Feldmeier Josef, verh., Nürnberg, 3 Jahre 6 Monate Zuchthaus, 5 Jahre Ehrverlust;
Brözl Johann, verh., Nürnberg, 3 Jahre Zuchthaus, 5 Jahre Ehrverlust;
Munkert Georg, verh., Nürnberg, 2 Jahre 6 Monate Zuchthaus, 3 Jahre Ehrverlust;
Böhmer Johann, verh., Nürnberg, 2 Jahre 6 Monate Zuchthaus, 5 Jahre Ehrverlust;
Dillinger Johann, verh., Nürnberg, 2½ Jahre Zuchthaus, 5 Jahre Ehrverlust;
Drey Theodor, verh. Würzburg, 1 Jahr 6 Monate Zuchthaus, 3 Jahre Ehrverlust;
Kuhn Otto, led., Schwandorf, 4 Jahre Zuchthaus, 5 Jahre Ehrverlust;
Lechner Johann, led., Waldmünchen, 2 Jahre 9 Monate Zuchthaus, 5 Jahre Ehrverlust;
Margeth Philipp, verh., Fürth i. W., 2 Jahre 9 Monate Zuchthaus, 5 Jahre Ehrverlust;
Zimmermann Karl, verh., Schwandorf, 2 Jahre 9 Monate Zuchthaus, 5 Jahre Ehrverlust;
Ascherl Franz, verh. Fichtenbach i. d. Tschechei, 2 Jahre 6 Monate Zuchthaus, 3 Jahre Ehrverlust;
Mörtl Jos., led., Weiden, 2 Jahre 6 Monate Zuchthaus;
Mörtl Franz, led., Weiden 2 Jahre Zuchthaus;

Gefängnisstrafen

Krodel Wolfgang, verh., Nürnberg, 1 Jahr 5 Monate Gefängnis;
Ruff Heinrich, verh., Nürnberg, 1 Jahr 5 Monate Gefängnis;
Haas Franz, verh., Nürnberg, 1 Jahr 5 Monate Gefängnis;
Böpple Albert, verh. Nürnberg, 1 Jahr 5 Monate Gefängnis;
Weller Leonhard, verh., Nürnberg, 1 Jahr 5 Monate Gefängnis;
Schreyer Arthur, verh., Nürnberg, 1 Jahr 3 Monate Gefängnis;
Strobel Hans, verh., Nürnberg, 1 Jahr 3 Monate Gefängnis;
Müller Anton, verh., Nürnberg, 1 Jahr 3 Monate Gefängnis;
Windsheimer Friedr., led., Nürnberg, 1 Jahr 5 Monate Gefängnis.
Kohl Leonh., verh., Nürnberg, 1 Jahr Gefängnis;
Brölz Karl, led., Dinkelsbühl, 8 Monate Gefängnis;
Dorner Georg, verh. Nürnberg, 8 Monate Gefängnis;
Reißenwein Joh., verh., Nürnberg, 8 Monate Gefängnis;
Sperber Joh., verh., Nürnberg, 8 Monate Gefängnis;
Zöllner Paul, verh., Fürth, 8 Monate Gefängnis;
Uebler Leonhard, verh., Nürnberg, 8 Monate Gefängnis;
Wenzl Johann, led., Schwandorf, 2 Jahre 6 Monate Gefängnis;
Kuhn Max, verh., Schwandorf, 8 Monate Gefängnis;
Mörtl Franz sen., verh., Weiden, 7 Monate Gefängnis.

Bericht über den Prozeß, bei dem Ernst Walz zu vier Jahren Zuchthaus verurteilt wurde, im »Fränkischen Kurier«, 6. 1. 35.

schenzeit haben wir unsere Anklageschrift erhalten. Uns wurde vorgeworfen, daß wir die verbotene SPD weitergeführt hätten, daß wir die drei oder vier Hauptangeklagten wären, die einen gewaltsamen Umsturz geplant hätten.

Nun ja, wir sind Anfang Januar per Schub nach München transportiert worden, nach München-Stadelheim. Am 13./14. Januar war die Verhandlung vor dem Obersten Landesgericht in München. Meinen Rechtsanwalt habe ich da überhaupt das erste Mal gesehen. Die Verhandlung war unter Ausschluß der Öffentlichkeit. Hinten saß nur der Gestapo-Beamte von der Nürnberger Gestapo als einziger Zuhörer drin, keine Presse, nichts. Es kam dann das Urteil. Ich wurde zu vier Jahren Zuchthaus verurteilt und fünf Jahren Ehrverlust. Es war die Zeit, als gerade die erste Saarabstimmung war, 1935. Die Gefängnisbeamten und die Beamten, die uns da hin- und hertransportierten von Stadelheim zum Obersten Landgericht und zurück, die haben alle gesagt: »Regt euch nicht auf, jetzt kommt die Saarabstimmung, die geht gut aus, und dann kommt bestimmt eine Amnestie. Und dann kommt ihr wieder raus.« Revision gab's nicht gegen dieses Urteil, da war ja nichts drin. Zusammen mit fünf Genossen aus meinem Prozeß wurde ich im Februar 1935 ins Zuchthaus Ebrach im Steigerwald eingeliefert. Die anderen Mitangeklagten kamen ins Zuchthaus Straubing. Gearbeitet habe ich da in einer Strickerei, mit Handmaschinen, wo Strümpfe und so Zeug gestrickt wurden. Da wurde ich in einem Tag angelernt.

Im Oktober 1935 kamen dann alle, die erstmalig inhaftiert waren, nach Amberg ins Zuchthaus. Dort trafen wir also mit unseren Genossen von Straubing wieder zusammen. In Amberg habe ich zunächst einmal in der Häftlingsschneiderei gearbeitet. Dort wurden Konfektionshosen angefertigt für eine Firma. Wir haben also das Schneidern gelernt, soweit man davon sprechen kann, daß man da lernt.

Untergebracht war ich in Gemeinschaftshaft, in einer Zelle mit acht Häftlingen und mehr. In den Arbeitssälen waren ungefähr 40 bis 50 Gefangene beschäftigt. Das Essen war schlecht. Alle zwei Monate durfte ich Besuch empfangen. Meine Eltern und meine Geschwister haben mich auch regelmäßig besucht. Schreiben durfte man auch nur alle sechs Wochen, einen Brief schreiben und auch einen Brief empfangen. Und so verbrachte ich also meine Tage da im Zuchthaus. Für uns Jugendliche gab es dadurch eine kleine Unterbrechung, daß wir einmal in der Woche einen sogenannten staatsbürgerlichen Unterricht hatten.

Es gab auch eine Gesangsgruppe. Da haben wir uns gemeldet. Das war immer eine Gelegenheit, aus dem Arbeitssaal für ein paar Stunden herauszukommen. In die Kirche sind wir nicht gegangen. Schon auf dem Transport ins Zuchthaus haben wir ausgemacht, in die Kirche wollen wir nicht. Ich war schon 1927 aus der Kirche ausgetreten, und zwar aus dem Grund, weil ich der Meinung war, daß die Kirche, speziell die evangelische Kirche hier im mittelfränkischen Raum, wesentlich Stellung genommen hat für die NSDAP, für die Nazis. Viele Pfarrer sind öffentlich als Versammlungsredner der Nazis aufgetreten.

Ich bin dann am 22. Mai 1938, nachdem die Strafe unter Anrechnung der Untersuchungshaft verbüßt war, in Amberg entlassen worden. Es war ein Sonntagvormittag, da wurde ich von einem Gefängnisaufseher mit Gewehr von der Strafanstalt in Amberg zum Bahnhof gebracht, zu Fuß durch die ganze Stadt. Die Leute sind grad aus der Kirche gekommen. Die haben sich aber da gar nicht dran gestoßen. Offenbar war das für sie ein gewohntes Bild. In Zivilkleidung war ich ja dann schon. Am späten Nachmittag, es mag fünf Uhr gewesen sein, sind wir in Nürnberg ausgeladen worden. Am Bahnsteig waren plötzlich mein Vater, meine Schwester und noch einige Bekannte, die auf mich losgestürmt sind und mir die Hände gedrückt haben. Aber unsere zwei Aufseher haben einen Mordswirbel gemacht und haben sie weggejagt. Dann ging es mit der grünen Minna in das Polizeigefängnis in die Deutschhauskaserne. Dort kam ich in eine Zelle zusammen mit einem anderen Nürnberger, der als Straßenkehrer bei der Stadt Nürnberg beschäftigt und von einem Arbeitskollegen wegen einer Äußerung über Julius Streicher denunziert worden war.

Zwei, drei Tage waren wir in dieser Zelle im Polizeigefängnis, es rührte sich nichts. Ich sagte zu dem Aufseher: »Hören Sie mal, können Sie mich mal oben melden, daß ich da bin, daß ich mal vernommen werde, was mit mir werden soll.« Er sagte nur: »Ja, ich kann da nichts machen, wenn die da oben Sie haben wollen, dann sagen die das schon.« Es rührte sich also nichts. Nach einigen Tagen hieß es: »Packen Sie Ihre Sachen zusammen. Sie kommen rüber nach Fürth.«

Dort bekam ich noch an einem Nachmittag Besuch von meinem Bruder. Eine halbe Stunde später kam einer von der Nürnberger Gestapo, legt mir meinen Schutzhaftbefehl vor, den ich unterschreiben mußte, und es hieß: »Sie kommen nach Buchenwald.« Buchenwald war für uns überhaupt kein Begriff. Ich hatte damit gerechnet, daß ich nach Dachau kommen würde.

Nun ging das also los. Der offizielle Gefangenentransport, der damals ja noch mit der Reichsbahn gegangen ist, der ging von Nürnberg zunächst nach Bayreuth. In Bayreuth wurde übernachtet, im dortigen Amtsgerichtsgefängnis. Jedesmal, wenn man in ein Gefängnis kam, wurden die ganzen Personalien aufgenommen, die Großmutter, der Großvater und der Vater usw. Am anderen Tag ging dann der Transport wieder weiter von Bayreuth nach Hof, von Hof nach Leipzig, immer wieder dazwischen Station, Übernachtung, von Leipzig nach Halle und von Halle nach Weimar. Also fünf, sechs Tage unterwegs, unrasiert, nicht richtig gewaschen, so kamen wir dann in Weimar an und wurden mit einem Lastauto von Weimar nach Buchenwald raufgefahren. Wir waren ungefähr 15 bis 20, die in Buchenwald angekommen sind. Das war am 9. Juni 1938. Die Aufnahme in der »politischen Abteilung« vollzog sich dann so: Zuerst kamen eine ganze Reihe von sogenannten Asozialen. Die wurden gefragt »Wegen was bist du hier?« Wenn einer sagte, ich weiß es nicht, dann wurde er dort dermaßen von den SS-Leuten mißhandelt und zusammengeschlagen und an den Haaren rumgezogen, daß es nimmer schön war, zuzuschauen. Das ging also so bei fast jedem von denen, und das hat vielleicht eine Stunde gedauert, bis dann ich dran kam.

Nun hatte ich mir schon vorher überlegt, was ich sage, wenn ich gefragt würde, warum ich dort wäre. Ich hatte mir vorgenommen, »wegen Vorbereitung zum Hochverrat«, das sagst du ihnen nicht. Wenn die zu faul sind, daß sie in den Akten nachschauen, dann stellen die sich Wunder was vor, was ich da gemacht habe, unter Vorbereitung zum Hochverrat, was wissen denn die?

Dann bin ich drangekommen: »Warum bist du hier?« Dann habe ich so ganz streng militärisch gesagt »Wegen Verdachts staatsfeindlicher Betätigung«. Der ist auf mich losgegangen, hat mir ein paar Fußtritte gegeben und hat gesagt, »hau ab«, und schon war ich drin.

Innerhalb des Lagers kam dann ein SS-Mann, der eine Ansprache hielt, und uns erklärte, was nach ihrer Auffassung nicht erlaubt war: »Wer die Arbeit verweigert, wird erschossen« oder: »Wer dies oder jenes macht, der wird erschossen.« Das war also jedes zweite. Wir waren schon ziemlich eingeschüchtert. Dann kam noch dazu, daß mitten auf dem Appellplatz ein großes Podium, vielleicht mit vier mal vier Meter, einen Meter hoch, aufgebaut war. Und in der Mitte dieses Podiums stand ein großer Galgen aus Holz.

Nun kamen wir zunächst einmal in eine Aufnahmebaracke, die sogenannte Quarantänebaracke. Da wurden wir dann erst einmal flüchtig von einem Sanitäter untersucht, der war auch ein Häftling. Es wurden uns die Haare geschnitten und wir wurden mit einer Bartschere rasiert. Wir bekamen dann diese gestreifte Häftlingskleidung, unsere Zivilsachen mußten wir abgeben, die kamen in die Effektenkammer. In dieser Aufnahmebaracke waren wir dann zwei Tage, ohne daß wir ins Arbeitskommando eingegliedert wurden.

Die Leute von der Quarantänebaracke, die wurden immer gleich in Anspruch genommen, wenn irgend etwas zum Aufladen oder Abladen war. Da hieß es dann: Zehn Mann ans Tor, oder 20 Mann ans Tor usw. Das war meine erste Arbeit, daß wir ans Tor gerufen wurden mit ungefähr zehn Häftlingen. Wir mußten ein Lastauto mit Särgen aufladen. Das waren also gestorbene Häftlinge, die damals, weil das Krematorium noch nicht fertig war, nach Erfurt transportiert wurden, und dort im Krematorium verbrannt wurden. Das war also meine erste Arbeit in Buchenwald.

Nun, nach zwei Tagen kam ich dann in die eigentliche Unterkunft, das war damals der Block 23, eine Holzbaracke. Dort lagen ungefähr 240 Personen ebenerdig. Abends, nach Feierabend, konnte man sich dann vor den Baracken bewegen, innerhalb des Lagers, man durfte allerdings nicht in eine andere Baracke. Da lauf ich eines Abends ein bißchen auf und ab, ich kannte doch niemanden. Und durch Zufall treff ich einen, der mit mir in Amberg im Zuchthaus war. Einer aus der Gegend von Halle. Es war ein KP-Mann. Da sagte er: »Mensch, du bist da!« »Ja, mich hat's hierher verschlagen, ich hab gerechnet, daß ich nach Dachau komme.« »Mensch, was bist du denn von Beruf?« »Ich bin Schreiner, Tischler.« »Ach, dann komm mal mit. In meiner Baracke, da liegt der Kapo von der Tischlerei und die braucht Leute.« Der hat mich also zu dem geschleppt. Der hat meine Häftlingsnummer, ich hatte die Nummer 4905, aufgeschrieben. Am anderen Tag, als es hieß, Neuankömmlinge ans Tor, hat der mich bei dem dortigen Arbeitsdienstführer, das war ein SS-Mann, schon mit der Nummer angefordert, hat gesagt: »Da ist ein Tischler, den brauch ich, den muß ich haben.« Und so kam ich gleich in die Tischlerwerkstatt, das war mein Glück. Der andere Nürnberger, der mit mir ja auch nach Buchenwald gekommen war, der hatte das Pech, daß er in einem Außenkommando mit Schaufel und Pickel arbeiten mußte, und das war eine mörderische Arbeit – im Freien, bei jedem Wetter.

Ich hatte also großes Glück, drinnen zu arbeiten und vor allem, daß ich diese langen Stehappelle am Abend nicht mitzumachen brauchte, weil ich abkommandiert war. Wir mußten zwar vormittags den Appell mitmachen, aber abends blieben wir im Werkstättengelände, auch wenn wir oft bis neun Uhr, oder manchmal, wenn terminliche Arbeiten anstanden, auch bis zehn oder elf Uhr arbeiten mußten.

Ansonsten waren die Verhältnisse im Lager schlecht. Innerhalb von wenigen Wochen stieg die Zahl der Häftlinge von 4000 auf 20 000. Da kamen schon die ersten Judentransporte von Frankfurt, Breslau, Berlin. Der Barackenbau, der ging natürlich nicht so schnell voran. Da mußten die Leute in Zelten oder im Freien, in einem Schafpferch, praktisch auf Stroh liegen, bis dann wieder Baracken fertig waren. Es wurden dann auch massive zweigeschossige Baracken gebaut, wo in einer dann 420 Mann untergebracht wurden.

Buchenwald ist keine Ortschaft, sondern wie das Lager gegründet wurde, hieß es Ettersberg. Da war die Ettersburg aus der Goethezeit. Da oben hatte ja Goethe ein Landhaus oder irgendwas. Aber weil da lauter Buchenwälder waren, haben sie dem Lager den Namen Buchenwald gegeben. Es gab fast kein Wasser im Lager. Da mußte erst eine Wasserleitung rauf gebaut werden, das war ja alles erst im Entstehen. In den Waschräumen gab es riesige runde Fontänen, wie sie in den Kasernen waren, wo zehn Mann sich waschen konnten, aber es lief nur ein ganz feiner Strahl von Wasser raus. Es waren auch Toiletten da mit zehn Spülklosetts, die nicht zu benützen waren, weil praktisch kein Wasser lief. Es mußten dann diese offenen Latrinen, die im Freien gebaut waren, benützt werden. Die Häftlinge waren in verschiedene Kategorien eingeteilt: Die Politischen hatten einen roten, die sogenannten Asozialen einen schwarzen Winkel. Dann kamen noch die Kriminellen dazu, die einen grünen Winkel hatten. Außerdem gab es Juden mit dem gelben Stern und einige Emigranten, und dann waren auch schon aus der Tschechoslowakei die ersten da, aus dem Protektorat, Tschechen und Sudentendeutsche. Im September bei Kriegsbeginn trafen die ersten Polen ein, Massentransporte, vor allem aus den Grenzgebieten. Dann kamen später natürlich auch die Polen aus dem Hinterland. Wieder Massentransporte, die in Zelten untergebracht wurden. Den ganzen Winter über blieb ein großer Teil der Polen in Zelten. Unter den schlimmsten Verhältnissen mußten sie hausen, bis es dann wieder so weit war, daß Baracken gebaut waren.

Ja, über das Lager selbst, da könnte man natürlich viel erzählen. Die Mißhandlungen, die man mitansehen mußte und die Schikanen, zu denen es kam. Bloß als Beispiel: Es mußte nach dem Abendappell ein Lied gesungen werden. Man stelle sich vor: 20 000 Menschen. Oben am Tor ein großer Schotterhaufen, da steht ein Häftling droben, der dirigiert, und da sollen 20 000 ein Lied singen, meistens so Soldatenlieder. Und das klappt natürlich nicht, das ist ja klar, das kann nicht klappen. Wenn das nicht geklappt hat, dann mußten die Leute solange stehen, bis das einigermaßen nach deren Auffassung hingehauen hat. Dann kommt der Lagerkommandant, es wird Meldung gemacht. Dann heißt es: »Achtung, Mützen ab«. Dann müssen die 20 000 wieder eins, zwei Mützen absetzen, das klappte natürlich auch nie. Das wurde auch so lange eingeübt, bis es geklappt hat. So sahen diese Schikanen aus. Da hat sich natürlich so ein Abendappell hingezogen, oftmals eine Stunde, eineinhalb, da mußten die Leute stehen, bei jeder Witterung.

Bei Kriegsbeginn verschlechterte sich die Situation sowohl ernährungsmäßig, als auch was die Behandlung betraf. Da ist gleich ein schärferer Ton wieder reingekommen. Als der Polenfeldzug vorüber war und der Frankreichfeldzug, da wurde es dann wieder etwas besser, als Frankreich besetzt war. Auch mit der Esserei. Da haben sie anscheinend schon geglaubt, sie haben den Krieg gewonnen. Dann kamen die ersten Franzosen. Als Dänemark besetzt wurde, kamen die ersten Dänen ins Lager. Und so ging es weiter, je nach dem, welches Land von den Deutschen besetzt wurde: Jugoslawen, Ungarn, fast alle Nationen waren zuletzt vertreten. Und dann bei Kriegsbeginn mit Rußland, kamen natürlich auch die Russen. Später sogar regelrechte russische Kriegsgefangene. Es gab dann auch Erschießungen von Kriegsgefangenen, das ist ja allgemein bekannt, die außerhalb des Lagers im sogenannten Pferdestall erschossen wurden und deren Leichen nachts in das Lagerkrematorium eingefahren wurden. Anhand der Uniformstücke dieser Russen, es waren über 8000 russische Kriegsgefangene, konnte man dann die Zahl derer feststellen, die erschossen wurden. Nun war es so, wenn wir vormittags ausrückten in das Werkstättengelände, mußten wir direkt an dem Krematorium vorbei. Da hat man dann im Winter die Blutspuren im Schnee und innen diese Leichenhaufen und diese Uniformhaufen gesehen. Nun kannte man ja diese SS-Leute, die bei uns im Kommando die Aufsicht hatten, schon etwas. Mit dem einen oder anderen konnte man schon einmal sprechen. Ich weiß, ich hab einmal, wie wir da vorbeimarschiert sind in das Werkstattgelände, zu einem gesagt: »Sagen Sie mal, was soll denn das sein, was machen denn die da mit den Russen?« Dann hat er gesagt: »Das sind lauter politische Kommissare.« Aber es waren meistens junge Leute, die sie da umgelegt haben.

In den Werkstätten waren nahezu alle Handwerksberufe vertreten: Schuhmacherei, Schneiderei, Schlosserei, Elektrowerkstatt, Tischlerei, Bautischlerei, Möbeltischlerei, Zimmerei, Treppenbau. Es wurde gearbeitet für das Häftlingslager, dann für die umliegenden Kasernen der SS. Alles was drum und dran hängt. Für die Frau des Kommandanten, die Ilse Koch, wurde eine Reithalle gebaut, dann ein kleiner Zoo für den Kommandanten, mit Braunbären und Greifvögeln und allem möglichen, ein regelrechter Zoo. Dann die Offiziershäuser für die SS-Offiziere, im Schweizer Stil mit Holzverschalung außen, das wurde alles von den Häftlingen gebaut. Außerdem eine Siedlung für die unteren SS-Chargen bis zum Scharführer, Ober-Scharführer, eine Wohnsiedlung mit kleinen Wohnhäusern in Klein-Obringen, ungefähr fünf Kilometer vom Lager entfernt.

Die SS hatte eine Scheinfirma gegründet, die nannte sich »Deutsche Ausrüstungswerke GmbH«, wo die ganz großen SS-Bonzen als Gesellschafter beteiligt waren und ihre Profite rausgeholt haben. Angefangen von der Wiege: Wenn die Frau eines SS-Mannes das erste Kind bekommen hat, dann erhielt sie eine Wiege. Da wurden dann die Initialen des Kindes eingeschnitzt von einem Bildhauer. Bis zum Sarg, da wurde also alles angefertigt, was man sich nur denken kann. Dann schreinerten wir die Einrichtungen für alle SS-Offiziere, erstklassige Möbel in Eiche, das war ja damals die Mode, die deutsche Eiche, nicht nur für die Offiziere hier in Buchenwald. Wir haben nach Berlin und in andere Lager die Möbel und die Einrichtungen geliefert. Außerdem für SS-Lazarette und für SS-Erholungsheime. Auch für Ravensbrück, weiß ich, dem Frauenlager, lieferten wir dem dortigen Lagerkommandanten Möbel und Inneneinrichtung.

Die Zimmerei, die hat serienmäßig Kaninchenställe für die Angorazucht angefertigt. Damals glaubten ja die Deutschen, sie können sich autark machen von der Wolle und haben die Angorakaninchenzucht sehr gefördert.

Wir haben auch, weil die Nazis immer noch hofften, sie bekommen einmal Kolonien, zerlegbare Möbel, die für die Tropen gedacht waren, als Muster gemacht. An diesen Möbeln war kein Eisenteil dran, alles mit Holz verkeilt und mit Holz verschlossen. Sie wurden auch präpariert, um termitenfest zu sein, und zum Beispiel ein Schlafzimmer wurde so verpackt, daß es in eine Kiste mit zwei Meter Länge, einem Meter Breite und 50 cm hoch paßte. Das alles wurde von uns in der Tischlerwerkstatt angefertigt.

Wir erlebten dann im August 1944 einen Fliegerangriff. Im Lager selbst gab es keine Beschädigungen. Die wußten ganz genau Bescheid, die Flieger. Obwohl sie auf 4000 Metern Höhe die Bomben warfen, ist nur am Rande des Lagers eine Bombe explodiert, die indes keinen Schaden angerichtet hat. Aber alles, was außerhalb des Lagers war von der SS, wurde ziemlich stark beschädigt. Im Jahr zuvor schon waren die Wilhelm-Gustloff-Werke in Weimar von den Fliegern zerstört worden, und diese Werke, ein Rüstungsbetrieb, hat man dann raufgelegt nach Buchenwald. Außerhalb des Häftlingslagers haben wir vier große Lagerhallen gebaut mit Shed-Dächern. Da wurde die Fertigung von Weimar hier rauf verlegt. Es wurden dort Experimente gemacht mit dem automatischen Gewehr, das man vorher nicht kannte. Da hat man lang experimentiert, bis das zehnschüssige Gewehr funktionierte, es wurde hier oben gebaut. Später kamen die V2-Geschosse. Die wurden auch hier montiert, soweit montiert, daß sie dann nach Swinemünde zu den Abschußrampen transportiert werden konnten. Diese V2-Flugkörper von etwa vierzehn Metern Länge, die hab ich selbst gesehen, die wurden hier oben in Buchenwald von Häftlingen gebaut. Auch diese Werkstätten sind dann bei dem Fliegerangriff zerstört worden.

Das Ende des Lagers war turbulent. Die vielen Außenlager – Buchenwald hatte ja ungefähr 40 Außenlager – wurden, als die Front immer näher rückte, und die Luftangriffe sich steigerten, nach und nach aufgelöst. Da hat sich natürlich die Belegschaft im Hauptlager wieder erhöht. Es war teilweise so, daß die Leute zu zweit in einem Bett schlafen mußten. Ich hatte insofern Glück, als ich mit einem holländischen Häftling mein Bett teilen mußte, und der war in der Küche beschäftigt. Die hat in zwei Schichten arbeiten müssen, damit sie für die vielen Häftlinge das Essen noch hergebracht hat, so daß ich wenigstens nachts allein in meinem Bett war. Er hat dann am Tag drin geschlafen.

In den letzten Tagen hatten wir Angst, daß noch etwas passieren könnte, daß man das Lager vielleicht noch evakuieren würde. Wir waren durch unsere Häftlinge, die in der Elektrowerkstatt tätig waren und da die Radiogeräte für die SS reparierten, über den Frontverlauf und über das, was draußen passierte, eigentlich bestens informiert. Wir wußten in etwa sogar, wie die Front verläuft, und wie lange es eventuell noch dauern könnte, bis die Amerikaner hier sind, aber wir haben trotzdem noch gebangt, was da noch auf uns zukommt. Sie haben dann noch einige tausend ungarische Juden auf einen Todesmarsch weggeschickt, aber das Gros der Häftlinge war doch vor dem Schlimmsten bewahrt geblieben, als die Amerikaner dann am 11. April 1945 das Lager besetzt haben.

Am Vormittag hat die SS schon ihre Wachtürme verlassen und ist abgehauen. Dann sind einige von uns auf das Eingangsgebäude und haben die weiße Fahne gehißt. Andere Häftlinge sprengten ein hinteres Tor und gingen den Amerikanern entgegen. Das ist zum Glück alles verhältnismäßig gut abgelaufen. Wir haben dann bei den Amerikanern immer wieder darauf gedrängt, daß wir nach Hause transportiert werden. Die Amerikaner sagten, ach bleibt doch hier, das eilt nicht. Wir wollten aber natürlich nach Hause, wir wußten ja nicht, was zu Hause los war.

Dann hat einer von uns mit einem Bauern aus der Umgebung vereinbart, daß uns der mit seinem Trecker mit einem Anhänger nach Nürnberg fährt. Es waren einige von Würzburg dabei, einige von Fürth und wir aus Nürnberg, ungefähr zwölf glaube ich, die unbedingt heim wollten. Der Bauer fuhr also ins Lager rein. Wir hatten mittlerweile aus der Effektenkammer unsere Zivilkleider wiederbekommen, es war alles noch in Ordnung, gut verwaltet, und hatten aus der Wäschekammer jeder Unterhosen und Strümpfe, was eben an Vorräten noch da war, bekommen. Das nahmen wir mit. In der Küche ließen wir uns noch Konserven und Brot geben. Die Amerikaner haben uns nicht aufgehalten, und so sind wir dann losgefahren. Der Bauer hatte aber nur die Fahrgenehmigung für 40 Kilometer im Umkreis. Das war ja alles eingeschränkt von den Amerikanern. Wir fuhren los, übernachteten in Erfurt in einer stillgelegten Fabrik, haben am Morgen etwas gegessen und sind dann weitergefahren. Kurz vor Meiningen wurden wir von den Amerikanern angehalten: »Die Papiere.« Der Bauer zeigte sein Papier vor. »Nicht weiter.« Rein nach Meiningen ins Rathaus. Wir hatten einen dabei, der englisch sprechen konnte, und es stellte sich heraus, daß die Amerikaner in Meiningen einen Bürgermeister eingesetzt hatten, der auch schon in Buchenwald inhaftiert gewesen war. Der Bürgermeister von Meiningen sah sich unsere Entlassungspapiere von den Amerikanern an und hat sich dann mit dem dortigen Kommandanten in Verbindung gesetzt. Dann bekamen wir die Genehmigung: Unser Bauer durfte uns nach Nürnberg fahren.

Am 18. Mai 1945, nach über elfjähriger Abwesenheit, bin ich wieder nach Hause gekommen. Das Haus stand noch. Meine Eltern waren allerdings in der Zwischenzeit verstorben, meine Mutter 1935, während ich in Ebrach war. Mein Vater ist am 28. Februar 1945 in unserer Siedlung bei einem Luftangriff ums Leben gekommen.

Josef Linsenmeier

Widerstand
der »Kinderfreunde«

Verfolgt man den Lebensweg vieler sozialdemokratischer Widerstandskämpfer, so fällt einem immer wieder eines auf: Nahezu alle kamen aus der sozialistischen Jugendbewegung. Das begann bei den »Kinderfreunden«, einer Elternorganisation, die gemeinsame Ausflüge und Veranstaltungen, Spiel- und Lese-Nachmittage für Kinder durchführte. Sie war der Arbeiterbewegung eng verbunden und erregte mit ihren Erziehungsmethoden, zum Beispiel der Koedukation von Jungen und Mädchen, die konservative bürgerliche Gesellschaft.

Die älteren Kinder wurden später Mitglied bei den »Roten Falken«, die neun Gebote hatten:

1. *Wir bekennen uns zur Arbeiterklasse und treten für sie ein.*
2. *Wir beschimpfen und verleumden niemand.*
3. *Wir sind gute Genossen. Wir halten Disziplin und sind zuverlässig.*
4. *Wir sind Arbeiterkinder. Arbeiterjungen und Arbeitermädchen gehören zusammen.*
5. *Wir sind hilfsbereit.*
6. *Wir schützen die Natur und achten alles, was zum Nutzen der Gesellschaft geschaffen wird.*
7. *Wir meiden und bekämpfen den Alkohol- und Nikotingenuß. Wir lesen nur gute Bücher.*
8. *Wir halten uns sauber und gesund.*
9. *Wir wollen Rote Falken der sozialistischen Jugendbewegung werden.*

Aktiv in der Roten-Falken-Bewegung war Josef Linsenmeier aus München. Er gehörte zum Helferkreis der Kinderfreunde und begann nach dem Verbot der Organisation durch das Nazi-Regime am 5. März 1933 eine Untergrundtätigkeit, die ihn schließlich ins KZ Dachau brachte.

Ich stamme aus einer Arbeiterfamilie, bin Jahrgang 1905. Mein Vater war Müller und stand schon vor dem Ersten Weltkrieg auf der sogenannten »Schwarzen Liste«, weil er Gewerkschafter war. Deshalb konnte er auch in Traunstein keine Arbeit finden, und wir haben in die Oberpfalz ziehen müssen, in ein kleines Dorf mit sechs Häusern, wo wir niemenden gekannt haben. Dort bin ich in die Schule gekommen. 1911 zogen wir nach München, dort war mein Vater wieder gewerkschaftlich und politisch aktiv.

Ich erinnere mich noch, als das Attentat auf den Kurt Eisner war, da bin ich gerade aus der Schule gekommen und war in der Stadt und habe den Menschenauflauf gesehen. Ich habe mich dazugestellt und dieses Erlebnis hat mich stark geprägt.

1919 bin ich in die Lehre gekommen als Glasmaler. Eigentlich wollte mich die Firma Rodenstock als technischen Zeichner ausbilden, ich hatte gute zeichnerische Fähigkeiten. Aber da hätten meine Eltern Lehrgeld bezahlen müssen, und das war für einen Arbeiter kaum erschwinglich. Dann bin ich also Glasmaler geworden. Nun war ich damals auch schon gewerkschaftlich organisiert. 1922 bin ich Schriftführer gewesen von der Lehrlingsgruppe im Baugewerbebund, Sektion Glaser und Glasmaler. Im gleichen Jahr bin ich in die Sozialistische Arbeiterjugend gekommen und habe gleich 1923 gemeinsam mit 50 000 Jugendlichen das große Erlebnis des Nürnberger Jugendtages gehabt. 1925 bin ich in die SPD eingetreten und gehörte dann auch den »Jungen Sozialisten« an. Wir unterschieden damals zwischen den Sozialdemokraten, das waren die Alten, und uns, den Sozialisten. Das hat es also damals auch schon gegeben. Bloß wurden die Differenzen innerhalb der Partei ausgetragen, wenn auch oft sehr hart. Aber wenn es darum ging, für die Partei – zum Beispiel vor einer Wahl – zu arbeiten, da war die Solidarität da.

Ich bin bis 1929 bei den Jungsozialisten im Vorstand gewesen. Dann bin ich zu den Kinderfreunden gestoßen. Das war nach dem Wiener Jugendtag, der mit über 70 000 Teilnehmern ein großes Erlebnis war. Nachdem ich von da zurückgekommen bin, habe ich bei uns in Neuhausen die Rote-Falken-Arbeit übernommen.

Die Kinderfreunde: Das war zuerst eine reine Elternorganisation, nicht die Kinder waren Mitglieder, sondern die Eltern. Die Elternorganisation hatte aber Kindergruppen. Unter den Kinderfreunden bestanden gewisse Spannungen. Da gab es zwei Strömungen: Die einen wollten auf der Kindergartenbasis weiterarbeiten, als Spielvereine sozusagen, währenddessen die Rote-Falken-Arbeit damals eine auf sozialistische Erziehung zielende Arbeit war.

Die Arbeit der Falkengruppen war zum Teil auf der gleichen Basis wie die der Pfadfinder aufgebaut. Die Roten Falken hatten damals Gebote wie bei den Pfadfindern. Die Falkenbewegung bekam nach 1929 einen riesigen Auftrieb in ganz Deutschland. Diese Kindergruppenarbeit hatte ständig zunehmende Mitgliederzahlen, nicht nur in Norddeutschland, sondern auch in Bayern.

Wir führten zahlreiche Zeltlager durch. Grundlage war das Prinzip der Selbstverwaltung. Das fing an mit der Gruppe der Zeltgemeinschaft, setzte sich fort in der Dorfgemeinschaft und führte zur Lagergemeinschaft, zum Lagerparlament. Das Lagerparlament wählte einen Präsidenten, der führte mit den Kindern das ganze Lager. Da wurde vom Küchenplan bis zum Tagesablauf alles besprochen. Eine Art Rätesystem im kleinen also.

Es gab damals in Bayern eine links-katholische Zeitschrift, die von einem Professor Dr. Muth herausgegeben wurde. Sie erschien in Würzburg. Dr. Muth schrieb damals in dieser Zeitschrift: Die Zeltlagerarbeit ist die Erziehungsform des 20. Jahrhunderts.

Unsere Arbeit in München, Nürnberg und Regensburg begann Ende der zwanziger Jahre langsam schwieriger zu werden.

1930 wurde im Landtag mit den Stimmen der NSDAP und der

Bayerischen Volkspartei gegen die Fraktion der SPD der Antrag vom Kultusminister Goldenberger durchgesetzt, den Kinderfreunden die Falkenarbeit zu verbieten. Es wurde mit Strafandrohung den Elternvereinen untersagt, daß sie Kindergruppen bilden. Wir wurden dadurch schon 1930 praktisch in die Illegalität gedrängt. Das gab es nur in Bayern. Im übrigen Reichsgebiet konnten die Kinderfreunde dagegen noch ungeniert arbeiten.

Ich kann mich allerdings nur an einen Fall erinnern, ich glaube es war in Nürnberg, wo eine Elterngruppe tatsächlich zu einer Geldstrafe verurteilt wurde.

Das Verbot wurde von uns umgangen, indem wir uns dem Arbeitersport anschlossen, dem Kinderturnen des Arbeitersportvereins München zum Beispiel. Da sind wir dann 1931 mit zwei Falkengruppen in ein internationales Jugendlager in die Schweiz gefahren. Da nahmen Kinder aus allen europäischen Ländern teil. Es war für unsere Falken ein unauslöschlicher Eindruck.

Dann begann ja schon die Zeit des Nationalsozialismus. Wir waren damals 1932 mit unseren Kindern in Garmisch im »Raintalerhof«, der gehörte damals dem Metallarbeiter-Verband, wie man heute sagen würde, der IG Metall. Dort oben haben wir also mit unseren Kindern im August drei Wochen Ferien gemacht. Plötzlich wurde im Radio bekannt gegeben, daß versucht worden ist, unser Jugendheim in Neuhausen an der Dom-Pedro-Straße anzuzünden. Ich kann mich erinnern, wie wir dort oben saßen, die Kinder haben alle geweint. Es war ein Riesenschock für uns. Das Jugendheim war unser Treff am Samstag/Sonntag, da waren nachmittags die Kinder draußen und abends die Jugendlichen.

Dann kann ich mich noch erinnern, daß zur gleichen Zeit die Familie Hoegner in Garmisch im Urlaub war. Sie war herunten im großen Gästehaus, wir waren oben im Touristenheim. Am 11. August wurde damals der Verfassungstag gefeiert, das war früher der Feiertag der Weimarer Verfassung. Wir haben eine kleine Veranstaltung gemacht, dort hat der Wilhelm Hoegner gesprochen. Das hat er bei den Kindern ganz ausgezeichnet gemacht. Die Kinder saßen mäuschenstill da. Damals haben wir den Hoegner eigentlich das letzte Mal gesehen, weil er wenig später schon in die Emigration ging. Das war also unser letztes großes Erlebnis mit den Kindern dort oben im »Raintalerhof«. Für uns erwies es sich schon damals als sehr schwierig erfolgreich weiterzuarbeiten. In den letzten Monaten des Jahres 1932 zeichnete sich bereits die kommende Entwicklung ab.

Am 5. März 1933 ist dann das Münchner Gewerkschaftshaus gestürmt worden. Der Fried Hans und ich hatten zwei Tage zuvor, am Dienstag, aus dem Gewerkschaftshaus unsere Karteikarten und unsere Schreibmaschine herausgeholt. Am Mittwochnachmittag wollten wir noch einmal reinfahren, da ging es schon nicht mehr, das Gewerkschaftshaus war bereits besetzt. Somit mußten wir am 5. März unsere politische Arbeit auf freier Basis beenden – als Kinderarbeit, als Jugendarbeit.

Nach der Machtübernahme hatten wir das Gefühl, daß die Leute mißtrauisch zueinander wurden, man konnte den eigenen Genossen oft nicht mehr trauen, weil man nicht wußte, wer »umgefallen« war. Ich kann mich genau erinnern: Ungefähr ein Vierteljahr nach der Machtübernahme ist mir einmal einer meiner Jugendlichen, der bei mir in der Kindergruppe gewesen war, in der Hitlerjungenuniform begegnet. Und ausgerechnet der hatte unser Zelt zur Aufbewahrung, weil wir annahmen, daß bei mir Hausdurchsuchung gemacht würde. Ich habe dann erfahren, daß er zur Hitlerjugend gehen mußte. Als er damals zu einer Firma in die Lehre gekommen ist, war Voraussetzung, daß er in die Hitlerjugend eintrat.

Es war für uns natürlich sehr schwierig, wieder mit unseren Kindern Kontakt aufzunehmen, weil wir nicht wußten, inwieweit sie irgendwie unter Druck standen. Wir mußten auch unsere Verärgerung überwinden, wie die Partei, wie diese große Gewerkschaft, wie die sogenannte »Eiserne Front«, bei der Machtübernahme sich verhalten hatten. Nun waren wir damals alle jung und haben diesen Schock ziemlich rasch überwunden. Im Frühjahr 1933 haben wir uns irgendwie wieder gesammelt. Am Ammersee bei Buch trafen wir uns wieder. Wir, der sogenannte Helferkreis der Kinderfreunde, sind hin-

9   Der *Glasmacher Josef Linsenmeier*   *München*
                (Vor- und Zuname, Beruf)   (Wohnort oder letzter gewöhnlicher Aufenthaltsort)

geboren am *13. März 1905*   zu *Traunstein*

war vom *18. Oktober* 19 *34* bis *18. Mai* 19 *36*

in Strafhaft. Er war in *der Schneiderei EH.* beschäftigt.

nach Verbüßung der Strafe

Er wurde heute ~~über die Polizei~~ ... ~~...~~

entlassen.

Amberg , den *18. Mai* 19 *36.*

Strafanstaltsvorstand.

Entlassungsschein nach eineinhalbjähriger Zuchthausstrafe.
Hinweis: »Sorgfältig aufbewahren für Steuerangelegenheiten.«

Konzentrationslager Dachau   Am 18. Oktober 1938
   Kommandantur

Entlassungsschein.

Der Schutzhaftgefangene   Linsenmeier Josef,

geb. 13. 3. 05 zu   Traunstein

war bis zum heutigen Tage im Konzentrationslager Dachau verwahrt.

Laut Verfügung des Bayer. Polit. Polizei München vom 8. Oktober 1938

wurde die Schutzhaft aufgehoben.

Lagerkommandant

SS – Oberführer.

Aber Entlassung hieß nicht Freiheit: Anschließend wurde
Linsenmeier zweieinhalb Jahre in »Schutzhaft verwahrt«.

ausgefahren. Das Ufer war ziemlich frei zugänglich, und nicht wie es heute ist, verbaut. Wir konnten da zelten. Dort sind die ersten Kontakte entstanden, aber noch ohne illegale Absicht. Man hat sich eben wieder getroffen.

Bis eines Tages der Fried Hans zu mir gekommen ist und sagte, der Hans Weber aus Regensburg – den kannte er von der sozialistischen Arbeiterjugend – der wäre bei ihm gewesen und hätte gefragt, ob wir eventuell interessiert wären an einer Zeitung der SPD, die im Ausland herauskam. Wir haben dann ein Treffen ausgemacht. Der Weber Hans, der Fried Hans und ich trafen uns in der Großmarkthalle. Das war der unverfänglichste Treffpunkt, da waren viele Leute, man wußte nicht, wer Geschäfte macht, es war ein Mordsbetrieb, wie auch heute noch. Dort haben wir uns getroffen. Das war so, daß aus Regensburg immer ein Gemüseauto runtergefahren kam. Der Weber Hans ist mit diesem Auto gekommen, und so haben wir mit ihm Kontakt aufgenommen. Er hat uns diese kleine Zeitung gegeben, die auf ungefähr 300 Seiten Dünndruckpapier gedruckt war, etwas größer als eine Zündholzschachtel. Das war der »Neue Vorwärts« und später die »Sozialistische Aktion«. Die gab er uns. Damit begann der Kontakt mit der Gruppe, die in Regensburg arbeitete. Der ganze kleine Kreis damals, der bestand, waren der Fried Hans, der Schober Sepp, ich und die Hanna Simon in München, sowie Sepp Brandhuber vom Reichsbanner. Das war der engste Kreis. Nicht einmal mein Bruder und mein Vater wußten davon.

Jeder von uns hatte wieder einen Kreis, dem er die Zeitung weitergab. Wir haben nicht mehr gewußt, wie die Zeitung dann weitergeht, weil wir nur auf das Prinzip der Dreierarbeit geachtet haben. Aber dann ist schließlich dieses Verteilen der Zeitung doch eine problematische Sache geworden. Wir haben manchmal schon die Ahnung gehabt, daß eventuell die größere Verbreitung eine Gefahrenquelle sein könnte.

Eines Tages wurden der Fried Hans und ich von Waldemar von Knoeringen zu einer Besprechung in die Tschechoslowakei eingeladen. Der Fried Hans und ich sind dann also im April 1934 hinüber gefahren.

Zu dieser Zeit war die Diskussion die: Einschränkung dieses

massenhaften Verbreitens der Zeitung – da sie eine Gefahrenquelle darstelle. Damals sagte Knoeringen: »Es kommt uns eigentlich nicht darauf an, in die Breite zu gehen, sondern wir möchten über die Zeit hinaus das Gedankengut weiter entwikkeln.« Er sagte damals, das sei keine kurze Episode, wie ein Teil unserer älteren Genossen meine, wir müßten vielmehr eine Konsolidierung und eine Neuverarbeitung des sozialistischen Gedankenguts anstreben. Der Waldemar von Knoeringen war ja schon damals bei der Gruppe »Neu–Beginnen«, und da gab es eine kleine Spaltung innerhalb der SOPADE in Prag. Knoeringen sagte: »Wir kommen in Gefahr. Wir geben jetzt weniger Material rüber und versuchen Kaderarbeit und zwar mit grundsätzlicher Literatur und Analysen. Was wir wissen wollen ist, wie entwickelt sich die NSDAP, wie verhalten sich die Nazis wirtschaftlich, politisch dem Ausland gegenüber.« Wir waren froh über diese Entwicklung. Wir nahmen auch nichts mit rüber. Wir sind ohne Material zurück. Im kleinsten Kreis haben wir dann die Sache besprochen. Wir sagten, dieses System der Arbeit wollen wir noch konsequenter machen.

Dann kam der unglückliche Tag, der 30. Mai 1934. An dem Tag war die Gestapo bei mir. Der Fried Hans und ich wurden verhaftet. Als ich in das Gestapo-Gebäude gekommen bin, es war das Palais in der Briennerstraße, war der Fried Hans schon drinnen gesessen. Wir haben uns kurz gegrüßt, das hat der Beamte natürlich sofort kritisiert. Dann begann die Vernehmung.

Dabei haben wir das ganze Ausmaß der Verhaftungswelle erfahren. Wir bekamen mit, daß wir von Regensburg aus belastet worden waren. Die Gruppe in Regensburg ist als erste aufgerollt worden, dann Straubing, Landshut, Schwarzenberg, Weiden (Oberpfalz), Nürnberg . . . Die hatten nicht das Dreiersystem wie wir. In Nürnberg wurde eine ganze Reihe von Genossen verhaftet. Bei uns blieb es nur bei uns dreien, denn der Schober Sepp wurde zwei Tage nach uns verhaftet. Wir drei hatten noch Glück, es konnte uns zwar nachgewiesen werden, daß wir Zeitungen bekommen haben, aber sie konnten uns die Verbreitung nicht nachweisen. Dann war das Vernehmungsprotokoll für die Gestapo ausreichend, so daß sie Anklage erheben konnte wegen Vorbereitung zum Hochverrat. Sie wußten, daß wir eine kleine Gruppe waren, wir haben uns in München auch als kleine Gruppe angesehen. Wir haben ja auch nur vom Herbst 1933 bis zum Mai 1934 illegal gearbeitet. Da konnte sich keine große Organisation entwickeln. Das lag im übrigen auch nicht in unserer Absicht. Sie wußten aber zum Beispiel nicht, daß wir in der Tschechoslowakei waren. Jedenfalls wurde am 18. Oktober 1934 die Hauptverhandlung vor dem Obersten Bayerischen Landesgericht durchgeführt. Unser Belastungszeuge war ein Genosse aus Regensburg. Den haben sie oben furchtbar bearbeitet. Dann sind die Namen gefallen, auch unsere. Dieser Genosse ist vom Obersten Landesgericht für uns als Belastungszeuge extra aus Regensburg geholt worden.

Ausgerechnet wurden aber der Schober Sepp, der Fried Hans und ich mit diesem Zeugen bis Prozeßbeginn in eine Zelle gesperrt. Da haben wir noch ganz kurz absprechen können, was wir aussagen. Die Verhandlung war völlig einseitig, unter Ausschluß der Öffentlichkeit. Wir hatten alle Rechtsanwälte, die Aussagen stimmten im großen und ganzen überein. Das Interessante aber war, daß trotz dem mageren Ergebnis unserer Aussagen der Staatsanwalt für uns je acht Jahre Zuchthaus beantragte: Acht Jahre!

Das ging dann soweit, daß der Staatsanwalt uns zur Last legte, daß in einer dieser Broschüren, die wir verteilt hatten, das Lied aus dem Dreißigjährigen Krieg abgedruckt war, das wir in den Jugendgruppen gesungen haben »Setzt auf's Klosterdach den Roten Hahn«, so ein Landsknechtlied. Das Lied ist in der Jugendbewegung nicht nur bei uns, sondern auch in der bündischen Jugend gesungen worden. Das wurde uns nun vom Staatsanwalt ausgelegt als eine Aufforderung zur Brandstiftung, die damals auch sehr hart bestraft worden ist. Also hat er krampfhaft versucht, alle diese Dinge in diesen § 81 zum Schutz von Volk und Staat hineinzubringen.

Dann waren wir allerdings über das harte Urteil selbst überrascht, das Strafmaß hieß beim Fried Hans zwei Jahre Zuchthaus, zehn Jahre Ehrverlust, bei mir ein Jahr und zehn Monate

Zuchthaus, zehn Jahre Ehrverlust, beim Schober Sepp ein Jahr Gefängnis und auch Ehrverlust. Dann der übliche Ablauf, Strafbeginn für den Fried Hans und mich im Zuchthaus in Straubing, der Schober Sepp ist nach Nürnberg ins Gefängnis transportiert worden. Wir waren in strenger Einzelhaft. In Straubing bestand damals striktes Redeverbot. Höchstens Flüsterton ging, aber das ist sofort unterbunden worden. Wenn man die heutigen Straf- oder Vollzugsbestimmungen vergleicht mit damals, war das eine gravierende Sache. Nur alle zwei Monate durfte ich einen Brief mit zehn Zeilen schreiben. Und nur zweimal im Jahr konnten wir Besuch empfangen von unseren Eltern. Wir wurden dann, der Fried Hans und ich, von Straubing nach Amberg verlegt. Es war ein Gefängnis, das dann ein Zuchthaus für »Erstmalige« wurde. Es war noch schlimmer als Straubing.

Ich kann mich ganz gut erinnern, als ich in Amberg entlassen worden bin, hat der Beamte zu mir ganz gehässig gesagt: »Sie kommen sowieso nicht raus, Sie kommen nach Dachau, das werden Sie schon wissen.« Ich habe auch nicht gedacht, daß ich entlassen werde. Ich bin in eine dieser Massenzellen in das Gefängnis in München an der Ettstraße gekommen. Da wußte ich schon in etwa, was los ist. Kurz und gut, ich bin am 11. Juni nach Dachau gekommen. Wir waren drei Mann. Ein Kommunist, der auch in Amberg war, und noch ein junger Mann, ein Metzger aus Mühldorf. Der ist von seinem Mädchen, die beim BDM war, verraten worden, weil er sich abfällig über Hitler geäußert hat.

Wie ich ins Lager hineinmarschiert bin, habe ich an den ägyptischen Tempelbau denken müssen. So stellte ich mir das vor, da habe ich gesehen, wie die Häftlinge an diesem heißen Junitag mit nacktem Oberkörper gearbeitet haben.

Betonbrocken eines abgerissenen Hauses sind mit Preßlufthammern gesprengt worden und diese Betonbrocken mußten die Häftlinge auf den bloßen Schultern wegtragen in der glühenden Sonne.

Die ersten Wochen waren furchtbar in Dachau. Das zu schildern ist ein Kapitel für sich. Der Neuzugang ist zuerst in ein Sonderkommando gekommen, mit Erdbewegungen und alles im Laufschritt, die ganzen Arbeiten nur im Laufschritt. Ich kann mich erinnern, wie der Fried Hans eingeliefert wurde, er kam nur so reingewankt. Und einige Zeit später kam auch der Schober Sepp. Wenn man das Sonderkommando durchgemacht und einigermaßen überstanden hatte, dann hatte man das Schlimmste hinter sich. Natürlich haben sich die Wachposten – das waren so junge Leute, die keine Ahnung von der Arbeit hatten – Scherze erlaubt. Da gab es einen, der war berüchtigt als »Brennesselposten«. Wir wurden in den Wald geführt, dann hat er plötzlich während der Arbeit gesagt: »Komm mit«, dann mußte ich mich mit entblößtem Oberkörper, ich hatte noch einen Sonnenbrand, in den Brennesseln wälzen. Oder ein anderer kommt plötzlich zu mir her. »Komm mit«, hat er gesagt. Er hat seine Pistole raus getan und gefragt: »Wo willst' jetzt erschossen werden?« Er ist mir mit seiner Pistole am Rückenmark runtergefahren. Dann hat er sie wieder eingesteckt: »Geh' an deine Arbeit.«

Der Schober Sepp ist am 5. Oktober 1937 entlassen worden. Aber wir wußten ja nicht, ob er wirklich entlassen wird, ob er nicht woanders hinkommt. Wir haben also ausgemacht, wenn 15 Mark eintreffen – wir konnten uns ja Geld schicken lassen von den Eltern –, dann ist das ein Zeichen, daß der Sepp zu Hause ist. Die 15 Mark sind dann bei mir eingetroffen, und ich wußte, der Schober Sepp ist wieder daheim. Das war für uns eine Hoffnung.

Im Frühjahr 1938 kamen schon die Massentransporte von Österreich. Da wurden plötzlich unsere Stuben überbelegt. Wir waren zuerst 50 Leute, plötzlich waren wir 70 bis 80, zusammengepfercht auf drei Stockwerken übereinander. Dann sind die Judentransporte aus Österreich gekommen.

Wir haben gesehen, daß ein Teil unserer Bewachung nach Österreich geschickt worden ist, Mauthausen und das Nebenlager Flossenbürck sind gegründet worden. Eines schönen Tages kommt der Fried Hans zu mir und sagt, er hätte erfahren, daß er entlassen wird. Der Fried Hans war ja Capo in der Schreinerei. Er sollte eigentlich schon Ende September entlassen werden, aber damals war die Geschichte, als sich Chamberlain und die in München getroffen haben, das Münchner

Abkommen, da hat sich seine Entlassung verschoben. Dann ist der Fried Hans erst am 5. Oktober entlassen worden. Danach habe ich mir gedacht, ich komme bestimmt ein Jahr später dran. Der Schober Sepp 1937, der Fried Hans 1938 und ich 1939. Da war für mich das Jahr eigentlich nicht mehr lang.

In der Häftlingsbibliothek war Kurt Schumacher beschäftigt. Wir haben mit dem Kurt Schumacher und mit dem Fritz Heilmann vom Bundesvorstand der SPD einen guten Kontakt gehabt, durften uns aber natürlich nicht zu konzentriert sehen lassen und haben uns immer nur kurz unterhalten. Schumacher hatte einen Arm weg, war schwerbeschädigt, den haben sie in die Bibliothek gesteckt – in die Bücherausgabe. Und ich kann mich noch genau erinnern: Ich hatte gerade von Shakespeare ein Buch, Richard III, abgegeben und habe mir ein neues geholt. Auf einmal sagt Schumacher zu mir: »Du, Sepp, ich habe gehört, du wirst entlassen«. Und in dem Moment, in dem er mir das sagt, kommt einer herein, der war in der Zahlstelle. Der hat auch gesagt: »Du, bei dir sind heute die Papiere angefordert worden.« Das konnte ich gar nicht glauben.

Am nächsten Tag war es dann Tatsache. Beim Antreten hieß es: »Linsenmeier nicht ausrücken!« Das war am 18. Oktober, genau an dem Tag, an dem wir 1934 verurteilt wurden. In München habe ich mich sofort bei der Gestapo melden müssen. Dann aufs Arbeitsamt, aufs Polizeirevier in der Ettstraße, da hab ich meinen Arbeitspaß bekommen. Ohne den Arbeitspaß konnte man nicht arbeiten. Da bin ich also gestanden in langer Reihe bei dem Buchstaben »L«. Vor mir stand ein jüdisches Ehepaar, das seine Auslandspässe bekommen sollte. Die waren schon bereit. Sobald die Leute aber zum Schalter gekommen sind, hat der Beamte zu ihnen gesagt:»Wieder hinten anschließen«. Das war Schikane. Sie haben sich wieder hinten anschließen müssen, bis niemand mehr am Schalter war. Dann erst konnten die hingehen und ihre Papiere holen.

Jetzt begann der normale Weg. Die Entlassung wurde nach zwei Monaten endgültig. Dann war ich bei der Firma Siemens und bin im Jahre 1941 mit der Firma nach Bruchsal. Inzwischen ist aber die Augsburger Gruppe, die Gruppe Wagner-Frieb hochgegangen. Eines schönen Tages hieß es wieder Vernehmung in Bruchsal. Ich mußte wieder zur Gestapo. Mir wurde vorgehalten, was wir zuvor verschwiegen hatten. Es wurde bekannt, daß der Fried und ich in der Tschechoslowakei gewesen waren, daß der Schober Sepp eine Verbindung hatte nach Augsburg, zum Bebo Wager, das lasen die alles vor. Ich konnte nichts machen, konnte es nur bestätigen. Ich habe gedacht, jetzt werde ich wieder verhaftet. Doch die sagten, ich kann wieder nach Hause gehen.

Ich wurde dann 1944, am 30. April, zu einer Sondereinheit der Organisation Todt eingezogen. Und zwar lief damals die »Aktion Hase« vom Reichssicherheitshauptamt. Es wurden vier Gruppierungen eingezogen: Mischlinge M 1, das waren Mischlinge ersten Grades, wo also der Vater oder die Mutter Jude war. Unzuverlässige, das waren die, die sich von ihren jüdischen Frauen oder Männern nicht getrennt haben. Weiter wurden eingezogen Zigeuner und ehemalige Politische, das waren wir. In Frankreich sind wir in der Normandie zum Arbeiten unter Tage, in Höhlen vor der Küste, eingesetzt worden.

Dann kamen die Amerikaner. Eines schönen Tages waren die Arbeiter verschwunden, unser ganzes Wachpersonal war weg. Zu dritt, ein Rosenheimer Kommunist, ich und ein tschechischer Halbjude, haben wir uns mit einem gefälschten Marschbefehl nach Deutschland durchgeschlagen. Am 20. Mai 1945 wurde ich von den Amerikanern in Nürnberg befreit.

Ich bin dann 1946 von Bruchsal wieder nach München gezogen. Hier habe ich mich bei der Bundesbahn vorgestellt und bin sofort eingestellt worden, im Signalbüro. Bei der Bundesbahn habe ich dann von 1946 bis zu meinem 65. Lebensjahr im April 1970 gearbeitet, also 24 Jahre. Zwölf Jahre war ich bei der Bahn Personalrat, also gewerkschaftlich tätig. Außerdem bin ich wieder in die Falken-Arbeit eingestiegen.

Jugendarbeit finde ich nämlich enorm wichtig. Wenn ich an meine Zeit in der Sozialistischen Jugend denke, da habe ich sehr viel mitgekriegt. Wir hatten vor nichts Angst. Wir haben uns auch mit Anarchismus, mit der Diktatur des Proletariats beschäftigt. Was ich noch in Erinnerung habe, das war der Naturgenuß, die Wanderungen. Die ganze geistige Entwicklung wurde gefördert. Das erste, was sie mich bei der Gestapo gefragt haben war: »Welcher Jahrgang?« Da habe ich gesagt 1905, das war der Jahrgang, der die politische Entwicklung in den zwanziger Jahren mitgekriegt hat. Wir haben die Entwicklung der Weimarer Republik verfolgt, alles, was positiv und negativ war. Die Arbeiterbewegung war ja in München ein Kulturfaktor, riesige Veranstaltungen haben wir gehabt, im Stadion mit zigtausend Teilnehmern, allein 500, 600 Mitglieder bei Sprechchören usw. Die Arbeiterbewegung war damals vereinigt in einem Kulturkartell. Das war besonders ausgeprägt in Nürnberg, aber auch in München. In diesem Kulturkartell waren die Arbeitersportler, die »Solidarität«, das war der Radfahrerbund, die Sportjugend, die sozialistische Jugend, die Gewerkschaftsjugend. Die haben gemeinsame Sachen gemacht. Das war eigentlich das, was uns über die Zeit von 1933 bis 1945 hinweg geholfen hat. Nach 45 hat man da angefangen wo man 33 aufgehört hat.

Auch die illegale Zeit war für mich persönlich sehr wertvoll. Ob die Verbreitung der Zeitungen oder der Kontakt, den wir zu anderen Genossen gehabt hatten, weitere Wellen schlug und etwas bewirkte, das hat man eigentlich erst nach 1945 ein bißchen feststellen können. Heute kann ich sagen, das ist so, als wenn man einen Stein ins Wasser wirft, dann gibt's Wellen und dann ist wieder Ruhe. Für viele erwuchs aus der Arbeit in der Illegalität nach 1945 ein neuer Anfang. Es wurde zum Beispiel auf einer Landeskonferenz der bayerischen SPD in Erlangen (1948) gefragt, wer war früher in der sozialistischen Jugend, wer war früher bei den Kinderfreunden? Zwei Drittel der Delegierten waren ehemalige Funktionäre in der sozialistischen Jugendarbeit. Es hat sich herausgestellt, daß ein ganz großer Teil dieser Leute irgendwie in der Illegalität war. Es war nicht nur *der* illegal, der erwischt wurde, das war der kleinere Teil. Normalerweise hat man halt eine Zeitung bekommen, die hat man gelesen. Danach hat man einen Monat gebraucht, bis man das alles wieder verdaut hatte. Das war für uns wie ein paar Liter Benzin für unseren Motor.

Inwieweit die Illegalität übers Dritte Reich hinaus bekannt geworden ist, das ist die Frage. Knoeringen zum Beispiel ist sehr enttäuscht gewesen. In einer Rede nach dem Krieg hat er sich einmal bitter beklagt, daß der Illegalität der SPD von den Alliierten keine politische Position zuerkannt worden ist.

Im Widerstand da waren wir, der Sepp, der Hans und ich, nur ein kleines Rädchen gewesen. Wenn ich heute zurückblicke, eigentlich war es doch nicht umsonst. Auch eben gerade für die Zeit des Wiederaufbaus, des Neubeginns. Es war nicht umsonst. Ob's für die zukünftige Entwicklung noch eine Bedeutung hat, ich weiß es nicht. Ich hab' ein paar Mal mit jungen Leuten gesprochen. Sie hören sich das an, aber für die ist das Geschichte, wie alles andere auch.

Sepp Schober
Kapitulation im Gewerkschaftshaus

»Organisation – nicht Demonstration« – das war die Parole, mit der der Allgemeine Deutsche Gewerkschaftsbund (ADGB) der drohenden Machtübernahme durch die Nazis entgegentrat. Mit an Selbstaufgabe grenzender Unterwürfigkeit versuchten die Gewerkschaften, ihre Organisation auch unter dem Hitler-Regime zu bewahren. Sie setzten dabei auf die damals weit verbreitete Hoffnung, daß es mit dem braunen Spuk bald vorbei sein werde. Ihr Rettungsversuch der Organisation ging so weit, daß sich der ADGB am 29. März 1933 von der SPD lossagte und am 19. April gar zur Teilnahme am – von den Nazis erstmals zum offiziellen Feiertag erklärten – 1. Mai aufrief.

Doch alle Rettungsversuche nützten den Gewerkschaften nichts: Am 2. Mai wurden überall in Deutschland die Gewerkschaftshäuser von der SA gestürmt, die Funktionäre hinausgetrieben und verhaftet, wurde das Vermögen beschlagnahmt. Eine Gegenwehr fand so gut wie nicht statt. Die braunen Machthaber errichteten dann die »Deutsche Arbeiterfront« (DAF). Sie erließen ein Gesetz zur Ordnung der nationalen Arbeit, die Arbeiter wurden »Soldaten im Dienste von Führer und Volk«. Selbstverwaltung und Selbstbestimmung der Arbeiter wurden zerstört. 1938 führte das Nazi-Regime die Arbeitsverpflichtung ein. Doch obwohl die Mitgliedschaft in der DAF Pflicht war, konnten sich ihr bis Kriegsende rund zehn Prozent der Arbeiter entziehen.

Über die Enttäuschung und Wut angesichts der Ohnmacht der Gewerkschaften, dem Ausbleiben eines Generalstreiks und der kampflosen Übergabe des Gewerkschaftshauses an die Nazis berichtet Sepp Schober, der als Gewerkschafter in einer Münchner Widerstandsgruppe aktiv war.

Ich bin am 29. August 1911 geboren. Mein Vater war schon vor dem Ersten Weltkrieg, also 1910, freigewerkschaftlich organisiert. Er war Maßzuschneider. Damals war das nicht alltäglich. Meine Mutter, die aus einer Handwerkerfamilie aus dem Rheinland stammte, hat, durch den Einfluß meines Vaters, ebenfalls zu den Ansichten des Sozialismus Zugang gefunden. Nachdem mein Vater 1917 gefallen war, und wir damals – meine Mutter mit ihren zwei Kindern – mittellos dastanden, lernten wir schon früh die Not kennen. Meine Mutter, die eine sehr aufgeschlossene Frau war, hat sich damals schon gefragt, ob der Verursacher dieser Not, nämlich der Krieg als solcher, eine unabwendbare Größe im Leben der Völker sein muß, oder ob das doch durch Menschen verhütbar werden könnte.

Darum ist meine Mutter damals schon zur sozialdemokratischen Partei gegangen und hat uns Kinder, meine Schwester und mich, 1923 zu den sozialistisch orientierten Kinderfreunden geschickt. Der Weg setzte sich dann kontinuierlich fort. Damals wurden gerade Kinderfreunde und Sozialistische Arbeiterjugend in Neuhausen aufgebaut. Durch die sozialistische Arbeiterjugend – es gab ja damals fast keine Medien wie Radio, Fernsehen, Bücher waren zu teuer zum Kaufen – da haben wir die Möglichkeit bekommen, uns politisch und kulturell weiterzubilden. Es waren jede Woche von profilierten Leuten Vorträge über alle Wissensgebiete, sei es Politik oder Geschichte, Literatur und Technik sowie z. B. auch die Möglichkeiten, Sport zu treiben. Dies konnten wir in unserem Jugendheim durchführen. An den Wochenenden machten wir außerdem regelmäßig Halbtags- und Tageswanderungen. Auch Ferienfahrten wurden durchgeführt. Für wenig Geld und mit viel Idealismus ist eine Menge geboten worden, und das hat unsere Mutter für gut befunden. Wir haben das auch mit Begeisterung mitgemacht.

Später kamen natürlich mit zunehmendem Alter politische Faktoren hinzu. Man hat eingesehen, daß eine Fortentwicklung der Menschheit überhaupt nur auf dem Weg des Friedens möglich ist, und wir waren überzeugt, daß dies nur durch eine sozialistische Welt verwirklicht werden kann. Das war also die Grundlage zu unseren Tätigkeiten und dieses ist uns auch Richtschnur unseres Lebens geworden. Und Leute wie gerade unsere Funktionäre, wie der Adlerstein Helmut bei den Kinderfreunden oder der Sepp Linsenmeier, waren für uns Vorbilder, also einfach das Ideal, wie man sich Menschen vorgestellt hat, die uns einen Weg in eine bessere Zukunft zeigen könnten. So haben wir uns damals empfunden. Und wir haben dann dem natürlich nachgeeifert und unsere politischen Ansichten auch danach ausgerichtet.

Später dann sind wir zu 1. Mai-Veranstaltungen gegangen. Man hat die Verbundenheit, die Solidarisierung der Menschen in einer politischen Idee miterlebt. Es war halt eine Gemeinschaft, ein gemeinschaftliches Erleben und ein Streben, das uns das politisch erstrebenswerte Ziel näherbringen sollte.

Dann haben wir die ersten Erlebnisse mit dem Nationalsozialismus gehabt. Da war einmal die Brandstiftung in unserem Jugendheim in der Dom-Pedro-Straße.

Ein anderes Erlebnis hatten wir einmal auf einer Pfingstfahrt zum Tegernsee, da war ich 16. Als wir heimfahren wollten – wir hatten einen roten Falkenwimpel dabei – und in den Zug eingestiegen sind, da gab's eine Mordsschlägerei, völlig überraschend und wer war's, Nationalsozialisten, die damals schon in Wiessee und überhaupt am Tegernsee sich ziemlich wohlgefühlt haben. Auf jeden Fall haben sie uns zusammengeschlagen, ohne erkennbaren Grund, nur aufgrund der Tatsache, daß wir erkenntlich als sozialistische Arbeiterjugend, unseren Wimpel und die blauen Hemden mit roten Binden getragen haben. Sie haben uns den Wimpel vom Speer gerissen.

Geboren und groß geworden bin ich in Neuhausen, in dem großen Eckhaus Schulstraße 28, mit dem Gasthaus »Zur Volkshalle«. Man hat es damals die »Rote Burg von Neuhausen« genannt. Denn unten im Lokal (der Wirt Buchschmidt war schon vor dem Ersten Weltkrieg ein alter Sozialdemokrat) verkehrten der Arbeitergesangverein Lassalia, die Bauarbeitergewerkschaft, dann die Sektion Neuhausen der Sozialdemokratischen Partei. Es war eine reine Arbeiterwirtschaft. Und dort hatte ich (ich glaube 1932) ein einprägsames Erlebnis. Wir waren eines Abends schon zu Bett gegangen und plötzlich hörten wir einen Trupp marschierender Leute. Dann hat man ein Kommando gehört, und wir haben, neugierig geworden, zum Fenster hinausgeschaut. Von unserem Schlafzimmerfenster aus konnten wir direkt auf den Wirtschaftseingang runtersehen, und wir haben gehört, wie der Wirt gesagt hat – wir sahen die SA in Uniform drunten stehen –: »Ihr kommt nur über meine Leiche da rein.« Später haben wir dann gehört, daß der Wirt mit dem Bierschlegel vor der Tür gestanden ist. Das haben wir aber nicht gesehen, wir haben ihn ja nur gehört.

Erst sind die SA-Leute abgezogen. Anschließend sind einige Gäste aus der Wirtschaft rausgegangen, und plötzlich haben wir Kommandos gehört, und dann sind Schüsse gefallen. Es hat sich herausgestellt, daß es Gewerkschafter und SPD-Leute waren, die damals schwer verwundet worden sind. Die SA hat ihren politischen Gegner kaltblütig abgeknallt, das haben die damals nicht etwa in Notwehr getan.

Es ist klar, daß solche Dinge auf einen jungen Menschen große Wirkung haben. Ich hab mir dann damals schon das Buch »Mein Kampf« gekauft, und ich hab auch Versammlungen besucht. Ich ging zu den Versammlungen von den Freien Demokraten, die ja damals auch nicht sehr stark waren, bin zur Bayerischen Volkspartei gegangen, hab mir angehört, was die so sagen, bin zu den Kommunisten in die Versammlung gegangen und auch zu den Nationalsozialisten. Und nachdem ich dann Hitlers Buch »Mein Kampf« gelesen hatte (vor allem dieses Kapitel 14 »Ostpolitik«), da war mir ganz klar: Wenn die nur einen Teil dessen, was in dem Buch gestanden hat, verwirklichen wollten, daß es dann ganz einfach zum Krieg, zur Katastrophe kommen mußte. Das war für jeden Leser unmißverständlich.

»Mein Kampf« konnte man damals überall kaufen. Es haben ihn aber nur relativ wenige gekauft. Ich habe nach dem Krieg

Nationalsozialisten getroffen, die glühende Nationalsozialisten waren und sich als solche auch benommen haben, die aber »Mein Kampf« nie gelesen hatten und bestritten, daß bestimmte Passagen aus Hitlers Buch stammten. Das war ihnen selbst unglaubwürdig, daß der Mann so etwas geschrieben habe. Obwohl sie so lang bei der Partei waren, geglaubt haben, alles geben zu müssen für diese Partei, und die wußten nicht einmal, was ihr Führer in seinem grundlegenden »Werk« geschrieben hat. Der Großteil der Nazi-Wähler und Anhänger war kritiklos und, im eigentlichen Sinn, dumm-emotional.

Also für mich war der Weg damit klar; außerdem war ich ein paarmal in Nazi-Versammlungen drin. Obwohl diese Versammlungen Eintrittsgeld gekostet haben, aber öffentlich waren. Ich hab' das Eintrittsgeld berappt. Die Nazis haben immer am Ende jeder Versammlung erst das Deutschlandlied gespielt und dann »Die Fahne hoch . . .«. Wenn man dann nicht den Arm raufgetan hat, zum Hitlergruß, dann ist man schon zusammengeschlagen worden. Das hat es nur in Naziversammlungen gegeben.

Bei der Sozialistischen Arbeiterjugend haben wir uns gesagt: Das ist kein Zustand mehr, die sprengen unsere Versammlungen, terrorisieren und überfallen uns, wenn wir unterwegs sind. Wir müssen uns selbst verteidigen können.

Wir haben damit angefangen, mit Hilfe vom Arbeitersportverein, Judo als Verteidigung zu lernen. Das haben wir dann konsequent durchgeführt und waren dadurch in der Lage, uns zumindest zu verteidigen, wenn wir angefallen worden sind. Und das war oft genug der Fall.

An manchen Sonntagen sind wir geschlossen von unserem Heim noch ein Stück wegmarschiert, haben Wander- und sozialistische Kampflieder gesungen und sind dann überfallen und von diesen Rowdys zusammengeschlagen worden. Das ist eine Sache, die man sich heute kaum noch vorstellen kann, daß man Menschen, die friedlich auf der Straße marschieren, einfach zusammenschlägt. Es war in erster Linie SA, Burschen aus meinem Viertel, die da immer »tätig« geworden ist. Hitlerjugend hat's zwar schon gegeben, aber die ist noch nicht so in Erscheinung getreten.

Sepp Schober (obere Reihe vierter von rechts) 1930 auf einem Spiel-
leiterkurs in der Landesturnanstalt Bayern

Schober auf einem SAJ-Kurs 1930 in München. In der ersten Reihe
(Mitte) Erich Ollenhauer, der spätere SPD-Vorsitzende.

Inzwischen älter geworden, bin ich in die Sozialdemokratische Partei eingetreten. Wenn Groß-Versammlungen waren, dann wurden diese SPD-Versammlungen immer nach demselben Schema zu sprengen versucht. Die Nazis haben sich an bestimmten Ecken gesammelt, und dann sind auf Pfiff und Zuruf die ersten Maßkrüge losgeflogen. Dann haben die Genossen natürlich gesagt, man muß die Versammlungen gegen solche Gewalttäter schützen. Man hat das Reichsbanner ins Leben gerufen. Das war Ende der zwanziger Jahre, vielleicht 1928.

Dann hat man angefangen, innerhalb des Reichsbanners eigene Schutzformationen aufzustellen, die im Selbstschutz und zum Teil auch an Waffen ausgebildet wurden. Und zwar unter der Leitung von Leuten der Landespolizei. Die Landespolizei bei uns in München hat damals größtenteils sozialdemokratisch gewählt.

Von diesen Leuten wurden wir ausgebildet. Diese Ausbildung traf vor allem für den Elitezug 13 zu. In diesem Schufo-Zug war ich einer der Kleinsten und Schwächsten, obwohl ich damals ein guter Allround-Sportler war. Man hat da wirklich die besten Leute von ganz München zusammengesucht. Der politische Gegner, die Nazis natürlich, hat damals im ganzen oberbayerischen Raum, wenn politische Versammlungen gewesen sind, sei es in Murnau, Weilheim oder Traunstein, den SA-Zug »Oberland« aufgeboten. Das waren ganz rüde Burschen von der SA, die jede Versammlung gesprengt haben. Es war einfach schlimm. Erst nachdem von uns der Zug 13 gegründet worden ist und das erste Mal in Murnau und Weilheim in Aktion getreten ist, und diese SAler vom Sturm Oberland mal eine anständige Abfuhr erteilt bekommen haben, ist die Sache besser geworden. Also, es hat sich schon gelohnt.

Man kann deutlich daraus ersehen: Es ist nicht wahr und eine geschichtliche Lüge, wenn man immer wieder liest, daß die SA als Antwort auf den roten Terror gebildet wurde. Es war genau umgekehrt. Der braune Terror hat erst die roten Abwehrmaßnahmen nach sich gezogen und zwar mit großer Verzögerung. Das hat Jahre gedauert, bis man diesem Terror einigermaßen, ich muß betonen »einigermaßen« hat Paroli bieten können. Jedenfalls in Oberbayern.

Wir sind dann dem Jahre 33 entgegengegangen. Ich kann mich noch gut entsinnen, wie damals die Nazi-Partei die Mehrheit bekommen hat, und wie die damals den Siegesfackelzug organisierten. Ich war damals von unserem Zug, vom Reichsbanner, beordert worden, diesen Zug zu beobachten. Ich war mit ein paar Freunden zusammen, und wir sollten feststellen, wieviele die waren und was die alles vorhatten. Ich war also damals am Königsplatz, und es war furchtbares Glatteis. Die vorderen Marschkolonnen der Nazis haben Sand und Salz gestreut, und wir haben die beobachtet und gezählt usw., und dann haben wir auch gehört, wie der Gauleiter Wagner eine große Ansprache gehalten hat, über den Sieg, den die Nationalsozialisten nun gewonnen hätten, und über die politischen Aussichten, ihre Zielvorstellungen, zum Wohle des deutschen Volkes, wie es geheißen hat. Dann ist der aber schnell zum Ende gekommen, und ich mußte jetzt schauen, daß ich wegen »Die Fahne hoch . . .« und ohne Nazigruß weiterkomme. Und das bei dem Glatteis! Ich bin kaum vom Fleck gekommen, aber zum guten Glück sind die auch kaum vorwärts gekommen. Wir wären sonst, mit Sicherheit, sauber »zugerichtet« worden.

Naja, dann bin ich halt hinter die Propyläen und habe mich dort gerade noch in Sicherheit bringen können.

Schwer enttäuscht war ich damals von der »Eisernen Front«. In ihr waren nicht nur die Sozialdemokraten, sondern auch der Arbeitersport und die Gewerkschaften, es waren auch die Freien Demokraten und die Bauernpartei, die sich damals in der Eisernen Front zusammengetan haben, um einen Block der Demokraten gegen die nationalsozialistische Gewalt zu bilden. Sie (Severing, Braun, Auer usw.) haben wohl große Reden gehalten, haben versprochen, daß sie nun die Weimarer Republik verteidigen wollten usw. Aber dann mußten wir sehen, wie eben weder ein Generalstreik noch sonst irgendwelche Maßnahmen gegen diese Diktatur der Nationalsozialisten und des Straßenterrors und politischen Terrors ergriffen wurden, wie dies immer schlimmer weiterging, ohne daß man dem irgendwie ernstlich Einhalt geboten hat.

Wie es dann im März 1933 geheißen hat, wir sollten zum

Schutz des Gewerkschaftshauses in der Pestalozzistraße dort erscheinen und das Gewerkschaftshaus verteidigen, bin ich sofort mit Freunden und Waffen dort hingegangen. Wir haben also das Gewerkschaftshaus zur Verteidigung besetzt. Wir hatten es so weit wie möglich verteidigungsbereit gemacht, hinten waren ja die Friedhofsmauern. Nach vorne raus, zur Pestalozzistraße, waren die Fenster besetzt und die Eingänge verrammelt. Dann hat man der Dinge geharrt, die da kommen sollten. Wir hatten Meldungen gehabt über Vertrauensleute, daß die SA das Gewerkschaftshaus und auch die Münchner Post stürmen wollte. Ich muß sagen, wir waren froh, daß man endlich etwas machen konnte und nicht immer zusehen mußte, wie wir Demokraten Schritt für Schritt zurückgedrängt wurden. Weil wir ja offiziell nichts durften. Wir mußten die Demokratie immer nur mit Worten und legal verteidigen, und die anderen konnten mit Waffen immer weiter vordringen, mit Waffen und brutaler Gewalt. Wir waren froh, weil wir dachten, wenn's erst einmal losgeht, dann könnte man mit einer Art lawinenartig anwachsendem Volkszorn der Macht der Arbeiter, Generalstreik usw. diese Dinge doch noch in den Griff bekommen. Aber dem war leider nicht so. Es kam dann plötzlich der Befehl von unserer Führung im Gewerkschaftshaus, die Waffen abzuliefern. Dann haben wir gefragt: »Warum denn die Waffen abliefern?« »Ja, weil die Landespolizei kommt. Der Innenminister der Bayerischen Volkspartei, der hat zugesichert, daß die Landespolizei den Schutz des Gewerkschaftshauses übernimmt, und wenn die kommt, dann müssen wir ja legal sein, wir dürfen also keine Waffen haben.«

Es ist alles eingesammelt worden, das einzige, was wir noch gemacht haben ist, daß wir am Hydranten im Hof draußen zwei Feuerwehrschläuche angeschraubt haben, damit wir ein bißchen Wasser hätten für alle Fälle.

Dann haben wir mißtrauisch gewartet, ob die Landespolizei nun kommt. Doch das Erscheinen der Landespolizei hat sich immer länger hinausgezögert und hinausgezögert. Plötzlich haben wir eine Marschkolonne und laute Befehle gehört. Und wer ist gekommen? Die SA. Schwer bewaffnet mit MGs, Pistolen, Handgranaten und Gewehren – und wir haben praktisch nichts mehr gehabt.

Ich kann mich erinnern, Waldemar von Knoeringen ist neben mir gestanden, der hat als einziger noch einen Damenrevolver, einen 6,25er gehabt, mit dem hat er auch nichts mehr ausrichten können. Das war dann alles. Und dann hat man eben ausgehandelt, daß wir einen ehrenvollen Abzug erhalten, d. h. daß wir weiter nicht belästigt werden. Wir haben halt ein paar Tritte gekriegt aber sind nicht verhaftet worden.

Und die haben dann unser Gewerkschaftshaus besetzt. Damit ihre »Heldentat« größer rausgekommen ist, haben sie zwei Maschinengewehre reingestellt und haben erzählt, daß sie diese Maschinengewehre uns abgenommen hätten, dabei haben wir überhaupt keine Maschinengewehre mehr im Haus gehabt, keine Handgranaten und sowas. Wir waren von unserer Führung schon vorher wehrlos gemacht worden, leider! Aber das wäre kläglich gewesen, wenn die SA ihre »Heldentat« nun so ganz sang- und klanglos hätten beenden müssen. So hat man im »Völkischen Beobachter« diese Fotos veröffentlicht, mit der großen Heldentat der SA, die da das Gewerkschaftshaus erobert hat. Naja, anschließend haben sie in der Münchner Post die Setzmaschinen zertrümmert und zerstört. Wie das halt üblich war: Das Zeug zum Fenster hinausgeworfen, das Mobiliar und die Akten. Damit war natürlich der Widerstand als solcher, man kann ja nicht einmal sagen, zusammengebrochen, das war kein Zusammenbruch, das war ein klägliches Kapitulieren. Ich war damals ein junger Kerl, ich glaub, ich muß bleich gewesen sein, nicht aus Angst, sondern aus Scham. Unsere Führung hat uns politisch verraten mit ihrem selbstmörderischen »Legal sein«.

Ich hab dann immer gesagt, und wenn wir wenigstens dabei draufgegangen wären! Aber so kläglich, so kläglich kapitulieren, das war, also mir sind die Tränen in den Augen gestanden, das war ein furchtbares Erlebnis. Wir haben uns gefragt, wie dies nur möglich ist, daß eine Führung der Arbeiterschaft so kläglich sich die Macht aus den Händen winden läßt. Das war einfach nicht vorstellbar. Und wenn man durch die Erziehung in der sozialistischen Arbeiterjugend nicht eine solche

Überzeugung gehabt hätte, dann wäre es zum Verzweifeln gewesen.

Dieser Schock ist uns natürlich noch eine Zeitlang in den Gliedern gesessen, aber ich weiß, Pfingsten 1933, haben wir schon unser erstes Treffen von der SAJ Neuhausen organisiert, und zwar waren wir an den Ostersee in der Lauterbacher Mühle. Da haben wir uns schon wieder getroffen und haben unsere erste illegale Zusammenkunft gemacht.

Man hat also doch gesehen, daß ein Teil der Genossen bei der Stange geblieben ist, trotz diesem furchtbaren Erlebnis. Wir waren so ungefähr 20 Leute, eine ganz schöne Gruppe, muß ich sagen, und diese Leute – das hat sich dann erst nach 1945 herausgestellt – die haben sich immer wieder getroffen, die sind zusammengeblieben, haben zusammengehalten, die ganze Zeit hindurch.

Meine Schwester ist mit dem Linsenmeier Sepp befreundet gewesen. Durch ihre Arbeit bei den Kinderfreunden hatten sie sich kennengelernt. Da kommt einmal mein zukünftiger Schwager und sagt: »Also, wie ist es, wir haben da eine Verbindung, und wir wollen eine illegale Organisation aufbauen?« Da habe ich gesagt: »Na klar, da bin ich mit dabei.«

Hans Fried, Sepp Linsenmeier, die ich von ihrer Tätigkeit bei den Kinderfreunden und der SAJ kannte, und ich haben uns überlegt, wie man eine illegale Organisation, mit einiger Sicherheit vor dem Zugriff der Gestapo, aufbauen kann. Wir hatten zwar keinerlei Erfahrung mit der völlig neuen Situation, aber eines war uns schnell klar: Keiner durfte von des anderen Tätigkeit die Personen, die Gruppen, die Namen und Zahl kennen.

Das mußte der erste und eiserne Grundsatz für jede konspirative Tätigkeit sein!

Wir wußten: »Viele Hunde sind des Hasen Tod.« Mit großer Sicherheit war anzunehmen, daß eines Tages einer oder mehrere von der Gestapo erwischt würden. Darum mußte alles so abgeschottet sein, daß keiner, trotz der Verhörmethoden der Gestapo, etwas sagen kann, weil er wirklich nicht mehr weiß.

Einige besonders zuverlässige Genossen, die die jeweilige

Gruppenverbindung herstellten, mußten natürlich ihren Verbindungsmann kennen. Dieses System hat sich denn auch, solange es und soweit es konsequent durchgeführt wurde, bis 1942 bewährt.

Wir mußten, wollten weitergehen, mußten politische und Wirtschaftsnachrichten einsammeln usw. Durch meine Tätigkeit bei der Arbeiterjugend habe ich Verbindungen gehabt zu Augsburg, und bin also nach Augsburg und habe dort den Bebo Wager und den Nerdinger getroffen. Ich habe mit denen besprochen, wir sollten uns doch wieder allmählich organisieren und sollten etwas unternehmen, damit wir nach der Zeit wieder politisch geschulte Leute haben, damit eine gesicherte Weiterarbeit möglich ist. Das waren so die Grundgedanken. Und auf der anderen Seite sollten sie versuchen, über die Stimmung der Menschen in Augsburg und in der Umgebung Berichte wieder zurückzubringen, damit die Exil-SPD draußen wieder eine Ahnung bekommt und sich mosaikartige Bilder machen können, wie's bei uns in Deutschland echt ausschaut. Was der Nationalsozialismus treibt, wie die Wirtschaft läuft.

Das haben wir dann gemacht und der Augsburger Kreis ist dann auch gewachsen. Ich habe aber nur drei Personen gekannt. Das waren schon mehr als genug. Aber ein paar mußten es ja sein, damit, wenn einem von denen etwas passiert, man auch wieder gesichert kontinuierlich weiterarbeiten konnte, daß die Verbindungen wiederhergestellt wurden, daß der Faden nicht ganz abriß.

Wir haben einmal eine solche Besprechung gehabt, da hat der Fried Hans schon gesagt: »Ich weiß nicht, wie die Regensburger da oben arbeiten. Es gefällt mir nicht, was die da machen, das ist zu risikoreich, das kann nicht lang gut gehen, denn so wie die die Arbeit betreiben, auf der breiten Basis, ist das nicht mehr kontrollierbar. Die sehen überhaupt nicht mehr durch, das ist nur noch eine Frage der Zeit, daß das auffliegen muß, daß da andere reinkommen.« Dann hat er gesagt: »Fahr einmal rauf, schau dir das an und bring dann auch Material mit.«

Ich bin mit dem Rad gefahren. Ich habe ein gutes Rennrad

gehabt und sollte auf dem Rückweg auch in Landshut Material absetzen. Ich habe dann diese Schriften eingepackt, die auf Reispapier gedruckt waren, die konnte man, wenn man schlechte Augen hatte (Diamantdruck), nur mit der Lupe lesen. Ich weiß gar nicht, wieviel hundert Stück ich im Rahmen drin gehabt habe, und im Lenker, das Rad war ganz ausgestopft. Und dann natürlich auch noch im Rucksack. Ich bin also runtergefahren Richtung Landshut und sollte am Bahnhof einem dortigen Genossen das Material übergeben. Ich wartete lange, aber irgendwas hat nicht geklappt, und ich habe den dortigen Genossen nicht getroffen. Brachte dann das ganze Material nach München.

Das war kurz vor der Zeit, als der Fried Hans und mein Schwager, der Sepp, verhaftet worden sind. Die politische Polizei in München hat durch Aussagen nur gewußt, daß der Bruder von dem Mädel, mit dem der Linsenmeier geht, auch dabei ist. Die haben aber meinen Namen nicht gewußt. Dadurch bin ich noch nicht verhaftet worden, aber ich habe mir natürlich schon denken können, was auf mich zukommt.

Gleich wie ich gehört habe, mit dem Fried Hans ist etwas passiert, bin ich vorsichtig zu seiner Wohnung hin, aber da war die Gestapo oben. Ich hab' da geläutet, und wie die aufgemacht haben, habe ich gesagt, ich komme die Zeitung kassieren, und bin wieder weggegangen. Dann habe ich erfahren, daß die meinen zukünftigen Schwager auch schon geholt hatten. Da habe ich mir schon gedacht, jetzt ist Feierabend, jetzt brennt's lichterloh. Ich hab' keine Vorstellung gehabt, wie die uns draufgekommen sind. Ich habe auch gedacht, verdammt noch mal, die zwei waren ja die führenden Köpfe in München und in Südbayern. Was tust du, wenn sie dich auch noch holen? Es muß doch eine Möglichkeit geben, daß die Sache weiterlaufen kann.

Ich habe dann versucht, die anderen zu verständigen. Ich habe natürlich geschaut, ob ich nicht überwacht werde, was mit meinen Rennrad keine Schwierigkeit war, weil ich so schmale Wege fuhr, die kein Auto befahren konnte. Ich war überaus vorsichtig. Wir haben dann ausgemacht, daß wir uns draußen in Maria Eich, dem Wallfahrtsort, treffen. Da kamen ungefähr ein gutes Dutzend Leute zusammen. Es waren alles ehemalige Funktionäre der Kinderfreunde bzw. Roten Falken, des SAJ, des Reichsbanners und des Arbeitersportbundes. Die absolut Zuverlässigsten.

Ich habe ihnen gesagt: »Horcht einmal, den Fried Hans und den Linsenmeier Sepp, die haben's schon geholt, es ist zu rechnen, daß sie mich auch noch holen.« Und ich teilte dann jedem einzelnen die Querverbindung mit. Den Genossen Hartl Reisinger klärte ich über die Herkunft des Materials auf, über das Grenzbüro in der Tschechoslowakei, und bat ihn, eine neue Verbindung aufzubauen. Die Augsburger habe ich auch noch verständigen können und ihnen gesagt, was passiert ist, und wie sie sich verhalten sollen. Und am nächsten Tag schon, an einem Freitag, bin ich in der Früh geholt worden. Die Gestapo-Männer haben die ganze Wohnung rumgedreht, haben alles beschlagnahmt. Da ist es nicht nach dem Inhalt eines Buches gegangen, sondern nur nach dem Verlag. Die haben auch Märchen mitgenommen – sie haben nur nach dem Verlag geschaut. Ich hatte ja früher eine Menge Fotos und Plakate und Unterlagen gehabt, von der Partei, von den Falken, von der Sozialistischen Arbeiterjugend, vom Reichsbanner. Ich war auch bei der Abteilung 8 der freien Turnerschaft Neuhausen. Auch davon besaß ich Fotos. Die hatte ich alle schon verschwinden lassen. Ich gab die Sachen einem SAJ-Genossen. Er vergrub sie im Heimgarten. Leider hat er später aus Angst, daß doch etwas passieren könnte, die Kiste mit dem ganzen Material verbrannt.

Also, der Gestapo-Mann hat die noch vorhandenen Bücher weggeschleppt, und dann meinte der Schutzpolizist, ich solle mit meinen Farrad mit ihm (er hatte sein Fahrrad vor unserem Haus stehen) zur Gestapo reinfahren. Doch mein Rad war noch voll Material. Ich sagte, daß ich kein Rad hätte und habe nur gedacht, mein lieber Mann, wenn du eine Ahnung hättest! Das Rad des Polizisten schiebend gings zur Gestapo. Dort wurden die Personalien und das übliche festgestellt, zum Beispiel, welchen Organisationen ich angehört hab. Das konnte ich ja leicht sagen. Auf Fragen der Gestapo nach illegaler Tätigkeit habe ich beharrlich die Anwort verweigert. Dann war

der Tag vorbei, und ich kam in eine Einzelzelle in der Ettstraße.

Da habe ich mir gedacht, jetzt solltest du halt wissen, ob der
Sepp und der Fried Hans auch da sind und wo die sind. Wie
bekomme ich da bloß Verbindung? Dann ist mir plötzlich was
eingefallen. Ich hab mir gedacht, ein gängiges Lied zu pfeifen,
das hilft nichts. Aber es hat ein Lied gegeben, das war ein
neues Falkenlied, das kurz vor der Machtübernahme rausgekommen ist: »Wir Falken, wir Roten, wir ziehn durch die
Welt, durch Städte und Länder der Falkenruf gellt«. Dieses
Lied hab ich mal gepfiffen. Die ganze Zeit habe ich gedacht,
wenn die das hören, dann spitzen die ja sofort die Ohren.
Dann hab ich einen Teil der Strophe angefangen, dann habe
ich aufgehört. Und richtig, gleich vis-a-vis, aus einer großen
Massenzelle (Eckzelle) höre ich einen weiterpfeifen. Ich lau-
sche, dann dauert es nicht lange, und ich weiß: Das ist der
Fried Hans! Da hab ich rübersprechen können und hab gesagt:
»Hans, bist du es? Wo ist der Sepp?« »Ja, der ist drüben am
Gang«. »Was ist denn los?« Dann hat der Hans gesagt: »Von
Regensburg aus ist das hochgegangen.« Ich darauf: »Kannst
du dich mit dem Sepp verständigen?« Dann er: »Das ist
schwierig, weil die Wachen beim Rundgang immer aufpassen.« Also das war schwierig. Aber ich hab gedacht, irgendwie
müssen wir den Sepp verständigen und uns abstimmen können. Dann hab ich gesagt: »Vielleicht kann ich da bei der
Gestapo was machen.« Mein Plan war dann der, ich mache
nun ein Geständnis mit dem, was mir der Hans gesagt hat. Das
war genau das, was die Gestapo ohnehin schon wußte. Sonst
nichts. Die haben sich dann mächtig gefreut, der ist ja gestän-
dig.

Dann hab ich gesagt, als Gegenleistung für mein Geständnis
möchte ich raus aus der Einzelhaft in die Massenzelle. Aber
das ist ja nur gegangen, wenn der Hans dort wegkam, ist ja
logisch. Die konnten mich ja nicht mit dem Hans zusammen-
sperren. Die Rechnung ist aufgegangen! Die taten den Fried
Hans in meine Zelle und mich in die Massenzelle. Dadurch
habe ich den Rundgang machen können. Und beim täglichen
Rundgang auf dem Gang habe ich es geschafft, den Sepp

durch die Türe zu verständigen. Die sind schier verzweifelt, die haben sich wohl gesagt, jetzt haben wir in Nürnberg 160, haben in Straubing einen Haufen, in Regensburg viele hochgenommen, und in München nur drei. Das war unwahrscheinlich. Die droben hatten ausgesagt, die Münchener haben ja so viel Material bezogen. Wo ist das Material hingekommen? Ich hab ausgesagt, ich hab das Material, das mir der X gegeben hat, und das war ja ziemlich viel, in einen Bach bei Ohu geworfen.

Wenn ich zu meinen Verwandten nach Niederbayern gefahren bin, hatte ich immer an diesem Bach Rast gemacht, weil das ungefähr die halbe Strecke war. Dann wollte die Gestapo wissen, wo genau ich das Material weggeworfen habe. Das habe ich ihnen genau sagen können. Ich hab ihnen den Steg und die Sträucher alle haarscharf beschreiben können, daraufhin haben die einen Lokaltermin gemacht und haben festgestellt, das stimmt ja alles ganz genau. Also mußte ich dagewesen sein. Aber sie wußten nicht, ob sie es glauben sollten, weil keine Beweisstücke gefunden wurden. Aber schließlich, das Gegenteil haben sie mir nicht beweisen können.

Mein Rechtsanwalt, das war ein alter schlauer Fuchs. Der war von der Volkspartei (mit einem listigen Lächeln und Augenzwinkern deutete er an, daß man mir die Version doch abgenommen hat). Aber ich hab dem auch nicht ganz getraut. Man wurde mißtrauisch, wenn man erlebt hat, wie Leute umgefallen sind. Zum Beispiel der Parteikassier bei uns in Neuhausen, ein Brauereiarbeiter. Der ist seit dem Ersten Weltkrieg ein treuer Genosse gewesen. Als Kind schon, wenn der gekommen ist und hat den Parteibeitrag bei meiner Mutter kassiert, da hab ich mir immer gedacht, Mensch Meier, so ein alter, fester Genosse, der durch alle Zeiten aufrecht gegangen ist! Wie die Nazis an die Macht gekommen sind, hat der als erstes die weiß-blaue Fahne rausgehängt. Am nächsten Tag hat er dann schon zu der weiß-blauen eine schwarz-weiß-rote hängen gehabt. Am übernächsten Tag hat er dann die weiß-blaue rein, dafür war dann neben der schwarz-weiß-roten eine Hakenkreuzfahne. Und so. Das kann man sich nicht vorstellen! Man hat keinem mehr getraut. Man hat sich an die Menschen vorsichtig herantasten müssen. Auch wenn die bei unseren Organisationen waren, ob das jetzt bei der freien Turnerschaft war oder bei der Solidarität oder bei der Arbeiterjugend. Obwohl, ich muß sagen, innerhalb der Arbeiterjugend war die politische Festigung etwas hochprozentiger.

Während der Untersuchungshaft haben die mich mal total fertiggemacht, im Kreuzverhör, drei Gestapo-Leute, ohne Pause, in einem Stück. Ich war damals ein sportlicher Mensch, ich war ein richtiger Brummer. Aber da hab ich die Kontrolle über meinen Körper verloren. Mein ganzer Körper wurde gegen meinen Willen geschüttelt, und ich konnte nichts dagegen machen. Das müssen die aber dann gemerkt haben. Sie haben wahrscheinlich gedacht, jetzt ist der Kerl fertig. Aus dem ist nichts mehr rauszubringen. Das war ohne Übertreibung so. Es war die letzte Vernehmung vor der Verhandlung.

Wenn man unter diesem Druck steht, dann sieht man erst, wie weit man kommt. Das kann man vorher nicht sagen. Da kann man nur seinem Schicksal dankbar sein, daß man das aushalten kann. Jeder geht bis an den Rand seiner Möglichkeiten. Kaum einer redet leichtsinnig oder vorgefaßt. Das sind nur ganz wenige.

Schließlich hatten wir unseren Prozeß. Weil mir nicht so viel nachzuweisen war, der Hans und der Sepp haben mich ja nicht weiter belastet, bin ich dann mit der geringsten Strafe weggekommen bei der ganzen Geschichte. Mit Gefängnis, während die anderen ja Zuchthaus bekamen.

Erst bin ich in die Ettstraße gekommen. Dann habe ich alle Münchener Gefängnisse kennengelernt. Zum Schluß war ich im »Cornelius«. Das war das älteste Gefängnis – ganz übel. Ich habe Schneider gelernt, und ich hab damals schon recht gut zuschneiden können. Das war mein Glück. Denn damals haben die Beamten alle neue Uniformen bekommen. Obwohl das offiziell verboten war haben die immer noch geschaut, Geld zu sparen. Haben die Stoffe gekauft und ich habe später noch mit Hilfe eines Pasinger Kommunisten, Willibald Wagner, ein prima Kumpel, die Maßuniformen geschneidert. Im Dritten Reich hat ja alles neue Uniformen bekommen. Weimarer Republik war ja nicht mehr. Da hab ich für meine Tätigkeit zusätzlich Lebensmittel erhalten. Ich hab's dadurch ein bißchen leichter gehabt als die anderen.

Dann bin ich nach Nürnberg ins Zellengefängnis gekommen. Dort sind nur solche hingekommen, die erstmalig verurteilt wurden. Da waren auch Kriminelle. Wir waren alle beisammen. Es gab keinen politischen Trakt. Es war alles durcheinander. Man hat im Gegenteil überhaupt versucht, die politischen Gefangenen zu kriminalisieren. Nachdem ich Maßschneider war, haben sie eine Sondergenehmigung bei der Gestapo eingeholt, daß sie mich in die Gefängnismaßschneiderei tun konnten.

Da war ich mit allen möglichen Leuten zusammen. Hauptsächlich Kriminelle. Was ja auch im Dritten Reich bezeichnend war: Der »normale« Gefangene, ob das jetzt ein Raub- oder Muttermörder war oder ein Kinderschänder, der hat drei Vergünstigungsstufen erreichen können, drei, zwei und eins. In der höchsten Begünstigungsstufe war die Zelle den ganzen Tag auf, man konnte die Zelle mit Bildern usw. ausstatten. Bei guter Führung hat man zusätzlich Lebensmittel kaufen können. Das Essen, das es gab, war schon unter aller Kanone. Der politische Gefangene konnte diese Vergünstigungen nicht erreichen. Auch mit dem Schreiben war es so. Als Krimineller hat man öfters schreiben können, Fotos kriegen können, auf der Zelle die Briefe haben können usw. Als politischer Gefangener hat man selbst bei bester Führung nur die Hälfte dessen bekommen, was die niedrigste Stufe für den Kriminellen vorsah. Man war als »Politischer« weniger als jeder andere Kriminelle. Das heißt, wir wurden auch schärfer angefaßt. Nach der nationalsozialistischen Terminologie war der politische Gefangene der gefährlichste. Ich hab immer gesagt: »Ich wünsch mir nur eins. Daß ich den Tag erlebe, wo die ganze Saubande wieder weg ist.« Das war mein einziger Wunsch.

Was dann kam, das hat man ja gewußt. Wenn man als »Politischer« aus dem Gefängnis entlassen wurde, kam man anschließend in der Regel in das Konzentrationslager, das war so sicher wie's Amen im Gebet. Das ist dann auch so gekommen. Dann bin ich halt nach Dachau gekommen. Dort habe ich erst, wie das üblich war, Außenkommando gehabt, also das heißt,

Kiesgrube und so. Aber da ich körperlich gut trainiert war, habe ich das relativ gut überstanden. Und dann haben die Nazis einen guten Schneider gebraucht, der für die Herrschaften Uniformen machte. Das war wieder mein Glück, muß ich sagen.

Während meiner Haft im KZ-Dachau wurde ich dreimal in längeren Abständen zur Gestapo nach München, auf deren Anforderung hin, überstellt. Die konnten noch immer nicht glauben, daß nur wir drei – Fried, Linsenmeier und ich die ganze Münchner illegale Gruppe gewesen seien. Begreiflich! Immer wieder wollten sie bei den Verhören wissen, wer der illegalen Organisation oder Gruppe noch angehörte usw. Nach dem zweiten ergebnislosen Verhör sagte der das Verhör leitende Gestapobeamte Weingärtner: »Wenn du nicht auspakken willst, dann bleibst du so lange in Dachau, bis dir der Bart um den Tisch wächst.«

Bei der dritten Überstellung legten sie mir in die Haftzelle, im Gestapogefängnis im Hinterhof des Wittelsbacher Palais, einen jungen Häftling rein, der offensichtlich den Auftrag hatte, mich auszufragen. Doch ich war schon von Anfang an mißtrauisch und band ihm dann einen schweren Bären auf. Daraufhin wurde ich nicht mal mehr zum Verhör gebracht, sondern umgehend nach Dachau rücküberstellt.

Sonst habe ich die Zeit im KZ relativ gut überstanden. Am 5. Oktober 1937 bin ich plötzlich entlassen worden, ich weiß bis heute nicht wieso. Ich bin einfach rausgekommen, ohne Entlassungspapiere. Ich weiß nicht, ob sich da nicht jemand für mich eingesetzt hat.

Ich habe das erst gar nicht begriffen. Ich bin mit dem Schubwagen, der immer nach Dachau fuhr, nach München reingebracht worden, und an der Ecke Leonrod-/Nymphenburgerstraße haben sie mich rausgelassen. Dann bin ich gelaufen, glatzköpfig wie ich war, bin einfach gelaufen: Richtung Heimat.

Nach ein paar Tagen habe ich die Aufforderung bekommen, mich bei der Gestapo im Wittelsbacher Palais zu melden. Weil ja die illegale Organisation noch bestand, traute ich der Gestapo zu, daß sie mich vielleicht als Köder zur Ermittlung der

Organisation benützen wollte. Sie sagten aber kein Wort davon, sondern gaben mir meinen Entlassungsschein aus dem KZ Dachau, mit den üblichen Ermahnungen und Drohungen, die jeder Entlassene zu hören und zu unterschreiben bekam: »Keinem Menschen über die Vorkommnisse und Erlebnisse im KZ Dachau und bei der Gestapo zu erzählen, ganz gleich wer es wäre!« Widrigenfalls usw. . . . . Und daß ich mich täglich zweimal beim Polizeirevier melden müsse. Später war das dann nur noch einmal. Dann erhielt ich über Freunde in der Firma eines ehemaligen Sozialdemokraten, Wenzel Steinbach in der Klenzestraße, Arbeit.

Dort waren überhaupt keine Nazis im Betrieb. Es waren lauter, ich möchte nicht sagen, Sozialdemokraten, aber auf jeden Fall Antinazis. Da war ich dann lange Zeit Schneider und Zuschneider.

Später ist noch einmal der Eugen Nerdinger aus Augsburg zu uns gekommen. Aber das war zu gefährlich, man mußte ja damit rechnen, daß man überwacht wird. Und damit gefährdete man die noch bestehende Organisation. Wir hatten also keinen Kontakt mehr. 1942 flog die Augsburg-Münchner Gruppe auf, mit Bebo Wager, Augsburg und Hermann Frieb, München, die hingerichtet wurden.

Ich war wehrunwürdig erklärt worden und sollte 1942 in eine Strafeinheit eingezogen werden. Nun wohnte eine Frau in unserem Haus, mit der uns eine lange Freundschaft verband, die war im Reichswehrministerium, eine Frau Meier, und die habe ich gefragt, ob sie nicht meine Akte erreichen könne. Es war ihr tatsächlich möglich, meine Wehrakte von der Strafeinheit weg und zu den Einberufungsakten für eine »normale« Einheit, nach Lenggries zu legen. Dort wurde ich am 7. Dezember 1942 eingezogen. Als der »Irrtum« bemerkt wurde, war ich schon in Frankreich.

Eines Tages, etwa Ende Januar 1943, hieß es: »Schober auf die Schreibstube.« Ich dachte, »au weh!« Weil ich den Mercedes mit dem SD-Zeichen schon vor der Schreibstube, auf dem Hof gesehen hatte. Mein Kompanieführer war auch da, und neben ihm stand ein Mann vom Sicherheitsdienst. Der hat gefragt, wie das kommt, daß ich bei einer normalen Einheit bin. Wie

ich mich führe? Mein Kommandant hat gesagt: »Einwandfrei!« Ich durfte dann bei meiner Einheit bleiben. Ich war später dort als Schreiber tätig.

Ich kam dann zu verschiedenen Infanterieeinheiten. Ende
1944 war ich bei einer Infantrie-Geschütz und Granatwerfer
Kompanie als Kompanieschreiber und wurde während der Ar-
dennenoffensive eingesetzt.

In der Nacht vom 4. auf den 5. Januar 1945 hat mich dann eine
amerikanische 15,5er Granate erwischt. Da war ich der letzte
Ausfall der Kompanie. Die anderen kamen alle heil zurück,
weil unser Hauptmann, ein Hauptlehrer aus Teimering bei
Straubing, die Kompanie den Amerikanern übergeben hat.
Ich, der ich fast von Kind auf diesen verbrecherischen Wahn-
sinn bekämpft hatte, mußte froh sein, mit dem Verlust des
rechten Beines wenigstens am Leben zu bleiben.

Dann hat man nach dem Krieg wieder langsam angefangen,
und wir haben die Sozialistische Arbeiterjugend wieder aufgebaut. Außerdem Tätigkeit in der Partei und bei den Naturfreunden, DGB- und natürlich Betriebsratstätigkeit. Gearbeitet habe ich bei verschiedenen Firmen. Ich war erst Treuhän-
der bei einer Textilfirma hier in München. Nach der Wäh-
rungsreform habe ich beim Jugendheimverein eine Lehrwerk-
stätte geleitet. Damals waren Lehrstellen sehr knapp. Dann
arbeitete ich in einem großen Münchner Betrieb, wo ich auch
Betriebsratsvorsitzender und Schwerbeschädigten-Vertrau-
ensmann war.

Ich habe immer wieder festgestellt, daß ein großer Teil von
den Politikern und Gewerkschaftern nach dem Krieg früher
bei den Falken gewesen sind. Weil halt damals echt was über
Politik und Allgemeinbildung vermittelt worden ist. Das ist
das, was ich heute vermisse, daß keine Organisation mehr da
ist, die den Jugendlichen wirklich was bietet. Wo man nicht
nur endlos in Funktionärskreisen, die ja relativ klein sind,
über alle möglichen Wege diskutiert – über Erziehung und
politische Ziele – und auf der anderen Seite fast keine prakti-
sche Arbeit mehr leistet. Ich kann mir nicht vorstellen, wie
unsere Arbeiterorganisationen in Zukunft unsere Grundsätze
in den jungen Menschen verankern wollen, so daß sie wirklich

die Dinge in sich haben und die Zusammenhänge erkennen und wissen, um was es im letzten geht. Das kann für die Organisation nicht gesund sein, oder es ist ein Glücksfall, wenn sie gesund bleibt. So empfinde ich das.

Wenn ich heute die Gittels (Bürgermeister in München) oder Urschlechters (Oberbürgermeister von Nürnberg) ansehe, die sind doch meiner Ansicht nach das Negativbeispiel der alten Generation. Die haben in der Jugend nicht zu uns gehört. Für sie, wie für viele andere, scheinen die Arbeiterorganisationen nur eine Karrieremöglichkeit zu sein. Sie sind wohl nie zu echten Opfern, um der Sache willen, bereit. Wenn man uns Sozialdemokraten von rechts und links, aus Ost und West, immer entgegenhält, unsere Idee sei Utopie, so möchte ich denen entgegnen: Eure »Realität« hat das Wohlergehen der Völker noch immer zerstört. Nur unsere Utopie des humanen Sozialismus kann die Zukunft der Menschen auf dieser Erde ermöglichen und lebenswert gestalten. Das war und ist meine Überzeugung. Und dafür zu leben und zu arbeiten halte ich für sinnvoll!

Grete Emmerich
Aus dem Exil zurück nach Deutschland

Während des Dritten Reiches im Exil gewesen zu sein, das ist heute noch ein Grund, von reaktionären Politikern oder Medien als Vaterlandsverräter beschimpft zu werden. Exil – das bedeutete aber für die meisten der den Nazis bekannten Köpfen der deutschen Arbeiterbewegung die einzige Möglichkeit, weiterzuarbeiten und oft genug zu überleben. Im Juni 1933 beschloß die SPD nach langen Diskussionen, einen Teil des Parteivorstandes ins Ausland zu delegieren. Er bildete erst in Prag, und ab 1937 in Paris die Exil-SPD, die sogenannte SOPADE. Sie sah ihre Aufgabe unter anderem darin, »die Welt zu überzeugen, daß Hitler nicht Deutschland ist«. Doch das Leben der Emigranten im Ausland war hart, es wurde gehungert und gelitten. Der SPD-Vorsitzende vor 1933, Otto Wels, drückte es in einem Brief aus dem Exil an gute Freunde so aus: »Das Schicksal ist hart. Nur Narren können glauben, es jederzeit meistern zu können!« Die Mehrzahl der Flüchtlinge war mittellos, es war schwer, eine Arbeitserlaubnis in den Gastländern zu finden. In vielen Ländern wurden sie nur widerstrebend geduldet, oft sogar abgeschoben oder gar an Nazi-Deutschland ausgeliefert. Dazu kam, daß Hitlers Truppen im Laufe der Jahre einen großen Teil der exilgewährenden Länder wie die Tschechoslowakei, Frankreich oder Holland besetzten und die Emigranten erneut flüchten mußten.

Grete Emmerich, die heute als 86jährige in München lebt, floh 1935 mit ihrer Familie in die Tschechoslowakei, sah dort das Emigrantenelend und kehrte nach wenigen Wochen in die Heimat zurück.

Ich bin am 2. August 1896 in einer Kölner Arbeiterfamilie geboren. Mein Vater war Steinmetz, ein sehr stolzer Steinmetz. Er war gewerkschaftlich organisiert und stand auf dem Boden der Sozialdemokratie und dadurch wußte ich von zu Hause schon viel über Dinge, die vielleicht andere Kinder nicht kennen. Es war ja damals noch Kaiserzeit. Im Liederkranz, da wurden Gedichte vorgetragen an Kaisers Geburtstag. Da kriegten wir ein gutes Kleid angezogen an dem Tag und eine schöne Schleife ins Haar und nachmittags war schulfrei. In der Schule wurde Kaisers Geburtstag gefeiert. Man mußte vorsichtig sein, nicht antikaiserliche Aussagen zu machen. Damals gab es ja noch das Drei-Klassen-Wahlrecht.

Ich weiß noch, wenn mein Vater im Winter arbeitslos war, dann hätte er lieber gehungert, als Armengeld zu nehmen. Denn wenn man Armengeld nahm, verlor man das Wahlrecht. Dann konnte man auch nicht zum Reichstag wählen. Bei den Landtagswahlen, da konnte man sowieso nichts ausrichten. Durch das Drei-Klassen-Wahlrecht hatte die große Masse keinen Einfluß. Und außerdem mußte man sagen, was man wählt. Es gab da keine geheime Wahl. Wir haben damals keine Beamten oder Lehrer oder sowas gehabt, die gewagt hätten, Sozialdemokratie zu wählen. Es war schon gefährlich, wenn jemand zugab, Sozialdemokrat zu sein, dann konnte es passieren, daß er keine Arbeit bekam.

Wir waren vier Kinder zu Hause. Ich bin die letzte, die noch lebt. Nach der Volksschule habe ich die Handelsschule besucht und war dann Büroangestellte. Eines Tages hat der Kassierer von der SPD, der immer zu meinem Vater kam, gefragt, warum ich nicht in die Arbeiterjugend gehe. In der Glockengasse in Köln hatte die Arbeiterjugend ein sehr schönes Heim. Da bin ich mal, als ich vom Büro kam, raufgegangen, das war 1912, da war ich gerade 16. Und das hat dann mein weiteres Leben bestimmt.

Ich habe dort auch meinen späteren Mann kennengelernt. Übrigens: Als ich 1917 geheiratet habe, war Krieg. Und bei meiner Silberhochzeit 1942 war wieder Krieg.

Der spätere Innenminister Wilhelm Sollmann hatte so um 1908 in Köln junge Menschen zusammengeholt und hat damals die sogenannte »Freie Arbeiterjugend« gegründet. Das wurde aber vom Polizeipräsidenten verboten, weil junge Leute unter 18 keinem Verein angehören durften. Höchstens solchen Jünglingsvereinen, wie sie die Kirchen damals hatten. Es wurde dann so gemacht, daß wir offiziell alle nur Abonnenten der Zeitung »Arbeiterjugend« waren. In der SAJ haben wir unsere Bildung erweitert, wir waren ja fast nur Volksschüler. Die Genossen, die in der Bewegung arbeiteten, die hatten sich ja schon eine ganze Menge Wissen selbst erarbeitet und haben das an uns weitergegeben. Wir haben dann zum Beispiel Vorträge über die Entwicklung der Arbeiterbewegung gehört und haben eine literarische Kommission gehabt, in der man dann Goethe, Schiller, Heine und weitere Klassiker kennenlernte. Wir haben dann Dichterabende zusammengestellt und die Genossen, die Musik machen konnten, die haben uns auch dabei geholfen.

Die Arbeiterjugend in Köln, die wurde getragen von der Partei, von den Gewerkschaften und von der Genossenschaftsbewegung. Die haben uns das Heim bezahlt und die Miete. Wir waren gemischt, Jungen und Mädchen, in der Arbeiterjugend. Wir sind gewandert, alle 14 Tage war eine Wanderung. Und am Sonntag dazwischen, da habe ich dann immer für die Partei kassiert. Das war ein Ehrenamt, also da war man sehr stolz darauf. Heute müssen die Mitglieder ihre Beiträge abbuchen lassen, weil es keine Kassierer mehr gibt, was ich für einen sehr großen Fehler halte. Denn die persönliche Beziehung zu den Genossen, die keine Möglichkeit haben, in die Parteiversammlung zu kommen, die ist nicht mehr da. Der, der Kassierer war, mußte immer erzählen, was in der letzten Parteiversammlung gesprochen wurde. Das ist heute schwerer, aber man kann ja die Zeit nicht vergleichen.

Mein Großvater, der hat noch für 14 Pfennige die Stunde gearbeitet, der war ungelernter Arbeiter gewesen. Den Menschen zu helfen, das war das, was uns in der Arbeiterjugend zusammengebracht hat. Wir waren politisch sehr interessiert, das muß ich sagen. Wenn wir Versammlungen hatten, dann war meistens ein Polizist dabei, der sich aufgeschrieben hat, was gesprochen wurde. Wir haben diese Protokolle nach 1918 im Kölner Polizeipräsidium alle gefunden.

Mir ist heute noch in Erinnerung: 1918, als die Matrosen die Revolution gemacht haben, da haben wir in Köln am Hauptbahnhof in einer großen Menschenmenge gestanden und Karl Zörgiebel, so hieß unser Parteisekretär, der hat sich da auf so ein Gitter geschwungen und hat davon gesprochen, daß man Zylinderhüte verteilen will und daß die hohen Herrschaften sehen sollen, wie sie aus dieser Zeit herauskommen. Da habe ich unten gestanden und habe gezittert und habe nur immer Angst gehabt, daß die Polizei käme und den da runterholte. Aber in Köln ist die Revolution sehr ruhig verlaufen.

Ich habe also die Kaiserzeit und die Weimarer Zeit erlebt. Wie Ebert im Reichstag die deutsche Republik ausgerufen hat, da habe ich gedacht, jetzt fängt das Leben überhaupt erst mal richtig an. Aber es war ja doch schwer in der Weimarer Republik, auch für uns.

Mein Mann ist Jahrgang 1890, er war gelernter Buchdrucker. Das war der Beruf, der fast restlos organisiert war. Bebel war auch Buchdrucker. Mein Mann wurde dann später Redakteur.

Wilhelm Sollmann hat meinem Mann seine erste Redakteurstelle vermittelt. In Düsseldorf, wo die Unabhängigen, die USPD, sehr stark gewesen waren, da war von der SPD die »Freie Presse« gegründet worden. Und da war mein Mann als Redakteur. Unter finanziell sehr schlechten Bedingungen, das ist klar. So eine kleine Zeitung hatte immer große Geldsorgen. Obwohl ich nicht verstehen kann, warum wir heute überhaupt fast keine SPD-Presse mehr haben. Denn heute müßte die Partei ja mehr Geld haben als früher. Sie hat aber mehr Schulden als früher, leider.

Nach Düsseldorf sind wir zehn Jahre in Koblenz gewesen, da war die »Rheinische Warte«, ein Ableger der »Rheinischen Zeitung« Köln. Dann lebten wir in Thüringen, in Apolda, und von dort gingen wir 1932 nach Plauen im Vogtland. Dort wurde mein Mann Redakteur bei der »Volkszeitung«. Und dort hat es uns 1933 erwischt.

Ich war im März 1933 gerade auf dem »Immenhof« (der gehörte der Arbeiterwohlfahrt) in der Lüneburger Heide. Da fand ein Kursus für Nähstubenleiterinnen statt. Ich habe immer in der Arbeiterwohlfahrt gearbeitet und, es war ja die furchtbar arme Zeit, da haben wir Frauen in unserer Nähstube geholfen, daß sie aus alten Kleidern Kindersachen machen konnten. Also, vor dem Heim haben wir jeden Tag die rote Fahne hochgezogen. Bis man uns von Lüneburg angerufen hat und sagte, wir möchten das lassen, wir würden die Nazis dadurch nur auf uns aufmerksam machen. Wenn wir in unserem Kursus von den schlimmen Dingen hörten, die unter der Nazi-Herrschaft geschahen, da meinten wir, wenn wir nicht mehr in der Partei zusammenkommen können, dann muß die »Arbeiterwohlfahrt« unser Treffpunkt sein. Es war unmöglich, sich vorzustellen, daß alles, was die Arbeiter sich geschaffen hatten, von den Nazis zerstört würde.

Während ich in der Lüneburger Heide war, ist mein Mann verhaftet worden. Wir wohnten in Plauen im Zeitungshaus. Im März haben die Nazis die Zeitung total kaputtgeschlagen, alle Setzmaschinen wurden zerstört. Die Genossen in Plauen hatten gehört, daß in Hof das Zeitungshaus noch stehen würde. Da waren mein Mann, der Parteisekretär und der Leiter der Konsumgenossenschaft nach Hof gefahren und hatten sich eingebildet, man könnte da noch eine Sozialdemokratische Zeitung herausgeben. Als sie unverrichteter Dinge nach Plauen zurückkamen, sind sie direkt verhaftet worden.

Zuerst haben sie unsere Leute im Rathaus zusammengeführt. Ich muß sagen, die Polizei in Plauen war anständig. Die hat auch verhindert, daß die SA in der Nacht zu den Verhafteten kam. Aber dann ist mein Mann nach Zwickau in ein richtiges KZ gekommen. Da blieb er dann bis Herbst 1933. Es war unser Glück, daß wir noch so neu in Plauen waren, und sie uns noch nicht so gut kannten. Der Chefredakteur der »Volkszeitung«, Genosse Eugen Fritsch, ist lange Jahre vor 1933 bei der sozialdemokratischen Zeitung Redakteur gewesen. Er war mit

Grete Emmerichs Mitgliedskarte (Mädchenname Lambertz) der »Sozialistischen Arbeiterjugend«.

Postkarte vom Internationalen sozialistischen Jugendtag im Juli 1929 in Wien

Ausflüge in die Umgebung Kölns: Die Gruppe der Sozialistischen Arbeiterjugend im Sommer 1914.

Mutschmann, dem späteren NSDAP-Gauleiter, oft zusammengestoßen. 1933 wurde er sofort verhaftet und kam ins KZ Hohenstein bei Dresden. Da ist er angeblich »auf der Flucht« erschossen worden.

Es war schon eine schlimme Zeit. Wir hatten zwei Kinder. Mein Sohn ist 1920 geboren, meine Tochter 1928. Unser Geschäftsführer von der Zeitung, Fritz Lenke, der hat mir und der Frau vom Fritsch für drei Monate das Gehalt unserer Männer ausgezahlt. Das Geld habe ich dann wie meinen Augapfel gehütet. Man konnte ja damals kaum was sparen. Was man verdiente, das ging immer glatt drauf. Da mußte man sehen, daß es ohne Schulden ausging. Ich erinnere mich noch an den 1. Mai 1933. Der 1. Mai war für mich immer der höchste Feiertag gewesen. Aber als am 1. Mai 33 der erste nationalsozialistische Maizug durch Plauen ging, war ich in der Waschküche und hab' gewaschen und geweint.

Während mein Mann im KZ war, habe ich einmal eine Hausdurchsuchung durch die Gestapo erlebt, da habe ich gedacht, jetzt ist alles aus. Wir hatten einen Freund in Plauen, der war bei der Eisenbahn. Der fuhr immer nach Eger. Von dort brachte er Zeitungen von der Exil-SPD, die »SOPADE«, oder den »Neuen Vorwärts«, mit. Ich ging immer zu ihm hin und las bei ihm diese Zeitungen. Einen Abend war es dann sehr spät geworden. Ich habe gesagt, ich möchte mir die Zeitungen mitnehmen und sie am Abend im Bett noch zu Ende lesen. Da hat unser Freund gesagt: »Ja, aber bring sie mir nur wieder. Daß sie nicht in unrechte Hände kommt.« Und an dem Morgen, wie ich aufgestanden war, hatte ich die Zeitung noch oben am Bett liegen. Wir hatten so eine Wohnung, Wohnzimmer und Küche waren unten. Unser Schlafzimmer war in der Mansarde. Mein Sohn ist um sieben Uhr in die Schule gegangen. Renate war ja noch klein, die blieb noch zu Hause. Ich hatte mich unten noch ein bißchen hingelegt. Auf einmal habe ich gehört, daß jemand in der Wohnung war. Das war Polizei, die mußte bei mir Haussuchung machen. Mein erster Gedanke war natürlich die Zeitung da oben. Da hab ich den einen Mann ins Wohnzimmer gelassen und der andere, der hat mich gefragt, ob ich einen Keller hätte. Vor unserem Haus stand damals immer ein SA-Mann Wache, das war ja im Zeitungshaus. Dann habe ich dem Polizisten gesagt, ja, mein Keller ist unten, er könne sich den von dem SA-Mann zeigen lassen. Zu dem anderen sagte ich: »Ich möchte gerne oben im Schlafzimmer ein bißchen Fenster aufmachen, darf ich da raufgehen?«. »Ja«, sagte er, »gehen Sie nur.« Dann bin ich rauf und habe mir die Zeitungen schnell in die Hosen gesteckt, ich hatte so einen Schlüpfer an, wo unten Gummi drinnen war. Die hatte ich gerade weg, da kam der Polizist von unten, der im Keller gewesen war, schon rauf und ich hab natürlich gezittert, und da hat er gesagt: »Warum sind Sie denn so aufgeregt, Frau Emmerich?« Ich antwortete: »Ich bin doch nicht aufgeregt.« Er darauf: »Doch, Sie sind ganz aufgeregt, ich muß in Ihrem Schrank nachschauen.« Da hatte ich die Parteibücher drin. Die hat er da rausgeholt und beschlagnahmt. Er hat angenommen, ich wäre so erregt wegen der Parteibücher. Auf jeden Fall, meine Zeitungen hatte ich verborgen, und die habe ich dann später, wie ich wieder rausgehen durfte, zu unseren Freunden zurückgetragen.

Wenn das rausgekommen wäre, wehe meinem Mann im KZ. Bei der Hausdurchsuchung haben sie auch jede Menge Bücher eingepackt. Das waren blutige Laien, diese Polizisten. Ein Buch wollten sie einpacken von einem französischen Schriftsteller. Ich habe gesagt: »Aber das ist doch nichts Politisches.« Da meinte der eine: »Aber es ist ein russischer Schriftsteller«. Ich habe Mühe gehabt, ihn zu überzeugen, daß es ein Franzose ist. Aber dann hat er das Buch stehenlassen.

Als er dann zu Karl Marx »Das Kapital« kam, da habe ich gesagt: »Das ist ein wissenschaftliches Buch.« Dann hat er das aufgeschlagen, sagte »stimmt« und hat es wieder ins Regal zurückgestellt. Aber trotzdem hatten sie doch eine Menge Zeug rausgenommen. Sie haben gearbeitet bis zum Nachmittag, dann sind sie weg und haben die Tür vom Wohnzimmer abgesperrt und versiegelt. Aber ich habe das frische Siegel, als sie noch auf der Treppe waren, abgemacht, und ein Genosse hat mir einen Schlüssel nachgemacht. Dann konnte ich wieder in das Zimmer rein und habe von den Büchern, die sie aussortiert hatten, eine ganze Menge oben in einer kleinen

Kammer versteckt. Die haben trotzdem so einen halben Lastwagen voll Bücher weggefahren. Ich dachte immer, wenn der Albert wiederkommt, wie wird er traurig sein. Er hatte immer gesagt: »Meine Bücher, das sind meine ungerauchten Zigaretten.« Aber als er wieder nach Hause kam, da hat er mich getröstet: »Laß die Bücher, wir leben noch!«

Als er im Herbst 1933 wieder entlassen worden war, da haben sie uns eine Rechnung geschickt, für die Kosten als er im KZ war. Aber das Geld ist uns dann später erlassen worden. Albert mußte sich zuerst dreimal am Tag bei der Polizei melden. Morgens, mittags und abends. Später wurde das dann auf zweimal ermäßigt und dann auf einmal. Aber ein ganzes Jahr hat er sich immer bei der Polizei melden müssen. Wie das vorbei war, da haben wir versucht, in die Emigration zu gehen.

Mein Mann ist mit dem Jungen wandern gegangen – in die Tschechoslowakei nach Eger, und ich bin mit meiner Tochter, die war damals fünf Jahre alt, mit dem Zug gefahren. In Eger waren Wallensteinfestspiele. Man bekam Tageskarten, um rüber zu gehen in die Tschechoslowakei. Und das hab ich dann mit der Kleinen gemacht. In Eger haben wir uns getroffen, da waren wir eine Zeit, dann ist mein Mann nach Prag gefahren, da saß damals der Parteivorstand, und mit dem Genossen Hans Vogel waren wir persönlich sehr befreundet.

Albert ist also nach Prag gefahren und hat mit Hans Vogel gesprochen. Da hat uns der Hans geraten: »Albert, wenn ihr irgend eine Möglichkeit hättet, wieder zurückzugehen nach Deutschland, dann würde ich euch das einfädeln, denn das Leben in der Emigration ist ganz grausam.« Albert hat auch die Lager gesehen, wo unsere Leute wohnten. Und wir sind oft mit emigrierten Genossen zusammengekommen. Darunter waren viele junge Leute, die im Reichsbanner gewesen waren. Und die haben alle gesagt, wenn wir nur wieder mal zu unserer Mutter könnten. Es war ja auch schwer, das Leben ohne Wohnung, ohne Arbeit, und das Geld, das man hatte, wurde auch immer weniger. Wir haben in einem Jugendheim geschlafen. In der Woche war das ganz gut, da konnten wir zusammen in einem Raum bleiben, aber am Wochenende, wenn andere auch kamen, da mußte ich mit meiner Tochter bei den Frauen schlafen, und mein Mann mit dem Jungen bei den Männern. Es war schon nicht so einfach. Wir haben dann beschlossen, wir gehen zurück.

Da haben uns die Genossen durch den Wald geführt bis über die deutsche Grenze. Aber nur die Kinder und mich. Meine Renate war damals fünf Jahre alt, die mußte ein Köfferchen tragen und der Bert mußte tragen und ich. Wir hatten mit rausgenommen, was wir konnten und das mußten wir ja auch wieder zurückbringen. Ich bin wieder zurück, als Hindenburg gestorben ist, ich glaube, das war am 2. August 1934. Ich muß wirklich sagen, wie ich da an der Straße gelesen habe, Hermann-Göring-Straße, da hab ich zu meinem Jungen gesagt: »Jetzt könn' wir wieder nach Hause, jetzt sind wir wieder in Deutschland.«

Mein Mann ist dann ein paar Tage später gekommen. Er hat bei sich nachgesehen, daß er nichts bei sich trug, was ihn verraten könnte, und dann hat er in einem Gasthaus übernachtet, das war angefüllt mit SA und SS. Die haben in der Nacht die Grenze abgeriegelt. Und wie er nach Hause kam, fand er in seiner Tasche noch Straßenbahnfahrscheine von Prag. Gott sei Dank war er in dem Hotel nicht durchsucht worden. Er ist auch wieder gut nach Hause gekommen. Vier Wochen waren wir fort gewesen.

Wir hatten Sorge, daß unsere Abwesenheit aufgefallen war, deshalb haben wir uns dann auch bemüht, aus Plauen wegzukommen. Es hätte ja sein können, daß auch mal die Kinder durch irgendein unglückliches Wort verraten konnten, wo wir waren!

Meine Schwester hat uns dann 1934 in Münster/Westfalen eine Wohnung besorgt. Wir hatten gerade noch genug Geld für den Umzug. Dann versuchte mein Mann, sich dort wieder eine Existenz aufzubauen. Er war in Münster im Roten Kreuz, da gab es sehr viele Leute, die nicht ganz mit der neuen Art zufrieden waren, und da hat er sich heimisch gefühlt. Er hat über das Rote Kreuz einen Desinfektorenkurs gemacht. Dann war er amtlich geprüfter Desinfektor. Er fand bei einer Firma, die Apparate und Präparate für die Schädlingsbekämpfung herstellte und vertrieb, eine gute Anstellung. Dabei war der

Titel »amtlich geprüfter Desinfektor« ihm sehr nützlich. Und er meinte: »Schädlingsbekämpfung war ja immer meine Aufgabe.«

Und so haben wir dann halt eigentlich abseits gelebt von der Verfolgung. Wir kamen noch mit unseren Kölner Freunden zusammen. Wir haben auch immer die SOPADE bekommen, die Schrift, die von draußen rausgegeben wurde, die haben wir auch verbreitet, soweit es möglich war. Wir sind aber dabei nicht aufgefallen.

Nach 1945 haben die Kölner Freunde uns wieder zurückgeholt. Da arbeitete Albert in Köln zuerst bei der »Rheinischen Zeitung« in einer Bezirksausgabe. Aber da hat ihm die Arbeit als Redakteur keine Freude mehr gemacht, weil das alles so zentralistisch war. Da ist er wieder zurückgegangen in seinen Buchdruckerberuf. Er war in der Korrektur bei der »Rheinischen Zeitung«, solange er noch arbeiten mußte.

Durch meine Tochter kamen wir 1970 nach München. Hier ist nach zwei Monaten mein Mann gestorben. Ich bin selbstverständlich noch in der SPD. Hier in unserem Ortsverein, da haben wir in der Führung nur junge Menschen. Ich gehe gar nicht mehr so gerne hin. Ich bin bis jetzt immer zu Parteiversammlungen aus selbstverständlicher Pflicht und mit Freude hingegangen. Jetzt bin ich zweimal nicht gegangen. Und ich weiß noch nicht, ob ich wieder hingehe. Es hat ja auch keinen Zweck, wenn ich mich zu Wort melde. Wenn ich meine Meinung sage, dann rege ich mich sehr auf. Dann schlafe ich in der Nacht danach nicht. Ich weiß nicht, ob sich das lohnt.

Die alten Genossen kommen ja fast alle nicht mehr. Es sind nur noch ganz wenige von denen, die ich kenne. Vielleicht ist auch der Wohlstand ein bißchen mit schuld gewesen, daß nicht mehr der Elan in der Partei ist. Man braucht ja nicht mehr zu kämpfen dafür, daß der Arbeiter nicht mehr 14 Stunden arbeiten muß. Das haben wir ja alles erreicht. Und früher, wenn mein Vater im Winter keine Arbeit hatte, dann hat er auch nichts verdient. Arbeitslosenunterstützung, das kannte man nicht. Heute kriegen die Bauarbeiter Schlechtwettergeld, und das ist ja auch alles erkämpft worden. Das ist ja auch nicht von selbst gekommen. Aber wenn man schon so viel hat, dann wird man vielleicht unkritisch. Heute ist all das, was schwer erkämpft wurde, selbstverständlich und wird nicht als etwas unter Kämpfen Erreichtes empfunden. Man sieht nur, was besser sein müßte. Aber ich glaube und hoffe, daß die wunderbare Idee der Sozialdemokratie doch die Mehrheit der Menschen gewinnen wird.

Wenn ich so zurückdenke, dann muß ich sagen, es war ein manchmal hartes, aber schönes Leben. Mein Mann und ich, wir haben unser ganzes Leben in der Idee geführt, in die wir eben als junge Menschen hineingewachsen sind. Wenn ich mein Leben nochmal leben dürfte – ich möchte es so leben, wie es gewesen ist.

Hans Fischer
Fluchthilfe über die Alpen

Als Teil der sozialistischen Arbeiterbewegung waren die »Naturfreunde« ebenfalls der Verfolgung durch die Nazis ausgesetzt.

Die Naturfreunde waren 1895 in Wien von Sozialisten um Georg Schmiedl gegründet worden. Wandern und Bergsteigen sollten »die Kraftquellen sein, die die Werktätigen von der Geißel der Schenke, des Fusels und des Spießertums befreien«. 1905 bildete sich in München die erste deutsche Ortsgruppe.

Die Naturfreunde waren der Arbeiterkultur- und -sportbewegung, den sozialistischen Parteien und den Gewerkschaften auf das engste verbunden. So fielen sie auch im gleichen Maße dem Nazi-Terror zum Opfer. 1932 hatten die Naturfreunde weltweit 214 924 Mitglieder in 1310 Ortsgruppen. In Deutschland allein gab es 828 dieser Gruppen, die sich regelmäßig trafen, Versammlungen politischer und kultureller Art durchführten, Bergwanderungen und Skitouren unternahmen und in den Naturfreundehäusern ihren Urlaub verbrachten.

1933 wurden die Naturfreunde als »marxistische Vereinigung« verboten, die 250 Häuser eingezogen und die Mitgliedschaft in der Organisation wurde sogar als Mitbegründung für Todesurteile herangezogen. Nach dem Verbot ging ein kleiner Teil der früheren Mitglieder, die gleichzeitig der SPD oder der KPD nahestanden, in den Widerstand. Es wurden heimliche Treffen arrangiert, und viele halfen gefährdeten Antifaschisten, zum Beispiel über das Gebirge ins sichere Ausland zu flüchten.

Einer von ihnen ist Hans Fischer, der als versierter Bergsteiger den Führer der bayerischen SPD und späteren bayerischen Ministerpräsidenten Dr. Wilhelm Hoegner über das Karwendel nach Österreich brachte.

Ich bin am 10. Februar 1905 auf der Schwanthaler Höh' geboren. Ich hatte noch sieben Geschwister, mein Vater war Maschinist. Bei uns war immer das Dilemma, daß mein Vater nie mit der ganzen Familie in eine Wohnung ziehen konnte. Denn in dem Moment, wo wir alle zehn angerückt wären, hätte uns der Hausbesitzer gleich wieder gefeuert. Wir sind also immer in Etappen eingezogen, die übrigen waren in der Zwischenzeit beim Großvater. Wenn wir endlich alle zehn beisammen waren, dann hat's in den seltensten Fällen mehr als vier Wochen gedauert und wir bekamen die Kündigung. So sind wir auf der ganzen Schwanthaler Höh' herumgezogen.

Mein Vater war seit dem 1. Januar 1907 Mitglied der SPD und dann später Mitglied des Zentralverbandes deutscher Maschinisten und Heizer. Aus dem Ersten Weltkrieg kam er mit einer Verwundung heim und konnte nicht mehr im Maschinenhaus arbeiten. Er wurde dann bei seiner Gewerkschaft hauptamtlich Kassierer im Gewerkschaftshaus in der Pestalozzistraße.

Im März 1933 wurde er dann sofort verhaftet, bekam einen Hochverratsprozeß an den Hals, weil er angeblich Mitgliedsbeiträge unterschlagen hätte. Ich war in der Verhandlung, er mußte freigesprochen werden, man konnte ihm nichts nachweisen, die Bücher waren einwandfrei. Nach der Verhandlung ging ich raus und wartete an der Treppe auf ihn, aber er kam nicht. Wir wußten dann ein Vierteljahr überhaupt nichts von ihm, wo er war und was er tat, erst nach einem Vierteljahr kam eine vorgedruckte Karte, die er lediglich unterschrieben hatte: »Befinde mich zu meinem persönlichen Schutz in Dachau. Ich bin gesund.« Da wußten wir wenigstens, daß er lebt und daß er in Dachau war.

Ich war der Älteste. Ich hatte eine Schreinerlehre absolviert und arbeitete aber zu der Zeit schon als Skilehrer auf der Marienberghütte hinter der Zugspitze. Die Hütte steht nicht mehr. In ihr hatte sich in den letzten Kriegstagen SS verbarrikadiert und von dort aus auf die von Tirol her anrückenden Amerikaner gefeuert. Die Amerikaner zerstörten die Stellung bis auf die Grundmauern.

Ich war seit 1926 bei den Naturfreunden, bis jetzt übrigens. Ich habe dort Ski- und Kletterkurse durchgeführt, arbeitete drei Jahre auf der Marienberghütte und dann drei Jahre auf dem Raintalerhof als Skilehrer und Bergführer. Im März 1933 wurden die Naturfreunde als »internationale, linksgerichtete Vereinigung« verboten, unsere Hütten, Heime und das ganze Geld wurden von den Nazis beschlagnahmt.

Anfang Juni 1933, ich kam gerade von einer Bergtour nach München zurück, läutet es am späten Abend, und meine Mutter sagt: »Du, da draußen stehen zwei Herren, die möchten dich sprechen.« Draußen war der Willi Glade, der war vor 1933 Vorsitzender des Metallarbeiter-Verbandes, und Karl Erhard, der nach dem Krieg Kommunalreferent in München war. Beides alte Sozialdemokraten. Und hinter ihnen stand Professor Wilhelm Hoegner. Der hat sich aber zurückgehalten.

Ich sag zum Willi: »Was wollt's ihr von mir?« »Ja, Hans, wir hätten ein Anliegen, und das wäre, du weißt doch, der Genosse Wilhelm Hoegner, der wird Tag und Nacht gesucht, und wir sind also übereingekommen, daß es nichts Besseres gibt für ihn als in die Emigration zu gehen. Denn in Deutschland ist er seines Lebens nicht mehr sicher. Du bist doch ein alter Bergfex, weißt du einen Weg?« Die Grenzen wurden von der SA bewacht, SS gab es ja damals noch nicht. »Kannst du den Willi Hoegner und den Landtags-Redakteur von der Münchner Post, den Dr. Blum, nach Österreich bringen?« Ich sag: »Ja, gut. Wir gehen übers Karwendel. Wann denkt ihr, daß wir starten sollten?« »Vielleicht ging's am 9. oder 10. Juli.«

Aber der Dr. Blum wurde mit seiner Reisevorbereitung nicht fertig, so daß wir also erst am 11. Juli 1933 im Lauf des Vormittags starten konnten. Ein Dr. Klaar, ein bekannter jüdischer Orthopäde, stellte uns seinen Fahrer und sein Auto zur Verfügung. Karl Erhard und die Frau Dr. Klaar, die dann später in Theresienstadt vergast wurde, die fuhren uns, den Willi Hoegner, den Blum und mich. Es war ein riesengroßer Wagen, wir fuhren über den Kesselberg zur Husslmühle. Am Kesselberg hat der Fahrer gesagt, jetzt müßten wir eigentlich noch eine Aufnahme machen. Wir waren ein bißchen skeptisch, denn wir wußten ja nicht, in welche Hände die Aufnahme gelangt, aber sie kam doch zustande, links der Dr. Hoegner und rechts der Dr. Blum und in der Mitte stand ich. Aber ein Jahrzehnt später wäre mir diese Aufnahme beinahe zum Verhängnis geworden, aber auf dem Foto sah man von mir nur den Hinterkopf und den Rücken mit dem Rucksack.

Nun gut, wir sind also dann losgetigert. Nun wußte ich, daß auf der Hochlandhütte ein SA-Posten mit einem großen Fernrohr stand, das war bereits an der Grenze. Und ich wußte auch, daß nur ein Punkt von dem Steigerl, das wir gehen mußten, – da war so ein Vorsprung an einer Felsnase – von dieser Hütte eingesehen werden konnte. Der restliche Weg war so in den Felsen versteckt, daß man von der Hütte aus nicht entdeckt wurde. Wir sind also den Ochsenboden rauf und sind bis an die gefährliche Stelle gekommen und ich vergewisserte mich mit meinem Glas, daß da tatsächlich auf der Veranda heraußen jemand mit einem Riesenfernrohr stand und das Gebiet beobachtete. Ich habe zu den beiden gesagt. »Bleibt mal ein bißchen in Deckung und wartet mal, bis der von seinem Fernrohr weggeht.«

Ich beobachtete dann, daß er das Fernrohr hochstellte, sich entfernte und in die Sonne setzte. Ich sagte: »Jetzt ist die Luft rein, jetzt pack ma's. Einer nach dem anderen läuft schnell um die Ecke rum und drüben, wenn ihr die Hütte nicht mehr seht, dann bleibt ihr stehen und wartet auf den nächsten. Und ich beobachte als letzter dauernd die Bewegungen auf der Hütte.« Dr. Blum war der erste, Dr. Hoegner der zweite, dann habe ich gesehen, jetzt ist die Luft rein, der kommt so schnell nicht an das Fernrohr hin, dann bin ich rüber. Nun waren wir in Sicherheit. Jetzt mußten wir aber rauf auf die Tiefkar, und das war so eine leichte Kletterei. Ich hatte zwar ein Seil dabeigehabt. Aber als wir auf der Tiefkarspitze ankamen, kam ein fürchterliches Gewitter, es hagelte und schneite und wurde im Nu saukalt. Gott sei Dank war der Dr. Blum einigermaßen bergerfahren, der ist allein runtergekommen, und den

Dr. Hoegner nahm ich ans Seil. In den Felsen warteten wir dann, weil es inzwischen Nacht geworden war. In der Dämmerung sind wir dann runter bis zur Straße, die von Scharnitz aufs Karwendelhaus geht.

Unten an der Straße stand ein Bockgestell, da waren noch die Milchkübel von der Abendmilch draufgestellt. Wir hatten einen fürchterlichen Durst. Da habe ich gesagt: »Da trinken wir jetzt ein paar Hut' voll Milch.« Aber der Hoegner sagte: »Das können wir doch nicht machen, das ist doch Diebstahl.« Er war eben ein aufrechter Staatsanwalt und Rechtsanwalt. Ich sagte: »Wenn'st schon meinst, dann legen wir halt ein Geld hin, in den Deckel.« Na ja gut, da war er dann einverstanden.

In der Zwischenzeit ist es schon langsam Tag geworden. Wir waren an der Husslmühle gegen Mittag weggegangen. Und wir mußten dann immer auf dem Sprung sein, daß wir irgendwas Verdächtiges sehen, es hätten ja auch Fußpatrouillen von der SA in der Gegend spazierengehen können, wir mußten uns also sehr langsam vorwärtsbewegen. Und immer das Gelände genau beobachten. Dadurch und durch das Unwetter sind wir in die Nacht hineingekommen. Und beim Abstieg mußte man auch vorsichtig sein, es war stockfinster. Es war Neumond zu der Zeit, der Himmel wolkenverhangen. Wir sind also dann nach Scharnitz. Der »Neuwirt« dort, das war ein Tiroler SPD-Mann, der war informiert, daß wir an einem Tag im Juni dort aufkreuzen. Den haben wir rausgesprengt, wir waren natürlich naß wie »taufte Mäus'«. Der wollte wissen, was jetzt los ist. Er hat uns gleich reingeholt und uns Wäsche gegeben zum Umziehen, und unsere nassen Klamotten haben wir um den Ofen rumgehängt in der Gaststuben, und der hat richtig eingeheizt, daß das trocken wurde.

Wir haben also da gewartet und Glühwein getrunken, bis unsere Klamotten einigermaßen trocken waren. Da sagt der Hoegner zu mir: »Hans, was machst' jetzt?« Ich sag: »Ich hocke mich in den Zug und fahre heim.« Er sagt: »Das kannst du doch nicht. Du kannst doch nicht über die Grenze fahren.« »Na ja«, hab ich gesagt, »das laß meine Sorge sein.« Gut, wir haben uns also getrennt, und ich bin in Scharnitz in den Zug

War ein Bergfex und begeister-
ter Skifahrer:
Hans Fischer 1931

Professor Dr. Wilhelm Hoegner
(1887–1980) wurde 1945 von den
Amerikanern als bayerischer
Ministerpräsident eingesetzt.

Hans Fischer (rechts) ist auch heute noch naturverbunden
und Mitglied des Vereins der »Naturfreunde«.

127

gestiegen und bin nach München gefahren. In Scharnitz war der Zug vollständig leer, weil ja niemand über die Grenze durfte und in Mittenwald stieg die SA zur Kontrolle zu. Ich war verdreckt, neben mir das Seil, der Rucksack, Bergschuh, und schlief. Die weckten mich. »Wo kommen Sie her?« Ich sag: »Ja mei, wo werd' ich herkommen. Das Gewitter gestern hat mich überrascht. Und da bin ich aus Versehen auf der verkehrten Seite runtergekommen. Anstatt nach Mittenwald bin ich nach Scharnitz runtergekommen. Jetzt muß ich halt heimfahren nach München.« Die sagten: »Na, dann kommen Sie mal mit, gehen Sie mal zum Bahnmeister rein und warten, bis wir fertig sind mit der Kontrolle.« Ich geh also zum Bahnmeister rein, da sagt der: »Was wollen S' denn?« Sag ich: »Ich muß nachzahlen.« »Ach«, sagt der, »steigen S' ein, das können Sie in Garmisch machen.« Ich bin dann wieder raus, bin über die Barriere gesprungen und von hinten wieder eingestiegen, wo die mit der Kontrolle schon fertig waren. Und bin also nach Garmisch gefahren. Aber dort war mir die Geschichte dann doch ein bisserl zu mulmig, wenn die da am Bahnhof in München warten würden. Ich bin also raus aus dem Zug und hab mich hinter den Waggons verkrümelt. Hab' mir in Garmisch eine Brotzeit gekauft, und habe dann gewartet, bis es Abend wurde, am Abend bin ich wieder in den Bahnhof, und bin dann nach München gefahren.

Ich bin dann später zur Frau Hoegner, die hat damals in der Tengstraße gewohnt, und hab ihr gesagt, es ist alles gut gegangen und habe ihr erzählt, wie wir rübergekommen sind. Sie hat mir ihr Leid geklagt, alle Tage sei die SA da, habe sogar die Betten aufgeschlitzt und in den Federn rumgewuselt, ob da was versteckt sei. Also, sie fühlte sich ihres Lebens nicht mehr sicher. Ob ich denn nicht noch mal zum Willi nach Wien fahren könnte – ich wußte ja, daß er in Wien war, das war ausgemacht, daß sie von Scharnitz aus über Innsbruck und Semmering nach Wien wollten – und ihn fragen, was sie tun soll. Frau Hoegner wollte ihrem Mann auch etwas Schriftliches mitteilen. Ich sagte: »Das geht nicht, aber es gibt eine Möglichkeit.« Ich wußte, daß es eine Tinte gab, wenn man mit der auf Textil schrieb, dann sah man nichts, und wenn man dann eine

gewisse Lösung in ein Wasser schüttete und das Tuch ein-
tauchte, dann wurde die Schrift sichtbar. Wir haben uns also
so eine Tinte besorgt, sie hat auf ein großes weißes Taschentuch einen Brief geschrieben an ihren Willi.

Ich habe das Taschentuch eingesteckt, ich mußte nur Obacht
geben, daß ich's nicht aus Versehen einmal benütze, daß da
nicht plötzlich Schriftzeichen rauskommen. Und bin also wieder illegal übers Karwendel nach Wien und hab dem Hoegner
erzählt, was los ist. Dann hab' ich gesagt: »Bringt's einmal eine
Schüssel Wasser.« Da hab ich dann mein Flascherl aus dem
Rucksack reingeschüttet, hab das Taschentuch raus, und das
ganz leicht ins Wasser getaucht. Auf einmal kamen da Schrift-
zeichen raus. Und da hat man das wunderbar lesen können.
Ich sag: »Jetzt kommst aber du dran, ich brauche zwei falsche
Pässe, ich habe die Fotos dabei. Ich brauche für mich einen
Paß und für deine Frau und für die Kinder einen Familienpaß.
Das darf aber kein deutscher Paß sein, weil wir sonst keine
Reisegenehmigung haben.« »Das ist unmöglich«, meinte
Hoegner. »Wo soll ich falsche Pässe herbekommen?« Aber da
haben die Genossen in Wien gesagt: »Kümmere dich nicht,
Willi, das besorgen wir. Auch in Wien gibt es eine Unterwelt,
die falsche Pässe herstellt.« Ein paar Tage später habe ich die
falschen Pässe gehabt, einen auf den Namen Ingenieur Lange
aus Zürich, angestellt bei Frigidaire in der Schweiz, und den
Familienpaß, das war auch ein Schweizer Paß. Wir haben dann
einen Termin ausgemacht, am soundsovielten sollte ich mit
der Frau Hoegner in die Schweiz fahren.

So sind wir auch verfahren. Ich hab gesagt: »Anni, du gehst
mit den beiden Kindern auf den Zug, kümmerst dich überhaupt nicht um mich, du kennst mich gar nicht. Und ich werde
dann durch den ganzen Zug durchgehen und schauen, wo du
sitzt. Wir treffen uns dann wieder in Lindau. Aber dort
schauen wir bloß, ob alles gut gegangen ist, ob du mit den zwei
Kindern aus dem Bahnhof rauskommst, und daß ich heraus
bin. Ich gehe dann zur Anlegestelle am Hafen und löse eine
Karte nach Konstanz und du löst eine Karte für dich und die
zwei Kinder. Dann gehst du auf's Schiff, dort werde ich auch
mal wieder zufällig aufkreuzen und schauen, daß alles okay

ist.« Alles ging soweit klar, aber ausgerechnet am Schiff treffe ich einen alten Jugendfreund, den ich schon seit Jahren nicht mehr gesehen hatte. »Ja, wo kommst denn du her«, fragt der mich. »Ja mei, wo soll ich denn herkommen?« Ich hab alleweil geschaut, ob nicht die Zoll- oder Paßkontrolle kommt. Ich sag: »Ja, ich fahr ein bißchen nach Konstanz, da war ich als Handwerksbursche mal und das interessiert mich.« Ich habe furchtbare Mühe gehabt, den Kerl abzuwimmeln. Er sagte immer: »Jetzt haben wir uns zehn Jahre nimmer gesehen, jetzt gehen wir runter und trinken eins.« Aber ich hab das ja nicht brauchen können, ich hatte mir doch mein Programm gebastelt. Aber endlich habe ich mich dann losgerissen und hab den losgebracht. Unser Treffpunkt mit dem Blum und mit dem Hoegner war in Aarbon. Nun hatte sich aber unsere Abreise um zwei Tage verschoben, so daß die beiden zwei Tage vorher schon in Aarbon am Bahnhof gewartet hatten. Die waren natürlich in tausend Ängsten. Die waren der Meinung, jetzt ist was daneben gegangen. Ich bin dann in Konstanz zum Taxistand gegangen, wir brauchten ja ein Taxi nach Kreuzlingen, das war nicht weit. Von dort wollten wir dann weiter nach Aarbon.

Also gut, in Konstanz gibt mir die Hoegner-Anni ein kleines schwarzes Säckchen und sagt: »Hans, ich trau mich nicht, nimm's du zu dir, das ist unser letzter Besitz, das ist ein alter Familienschmuck von meiner Mutter und von meiner Großmutter, es sind wertvolle Stücke, das ist alles, was wir noch haben.« »Ja«, sag ich, »gib's nur her«, und schob es in meine Manteltasche. Ich saß dann vorne neben dem Fahrer, und die drei saßen hinten im Fond. In Kreuzlingen kommt erstmal an der bayerischen Grenze der Zoll raus: »Pässe.« Ich ziehe meinen Paß raus. »Ja kommen's mal raus zu mir.« Ich hab schnell ganz vorsichtig das Packerl aus meiner Manteltasche raus und zwischen Sitz und Rückenlehne reingedrückt und bin ausgestiegen. Die Anni, die ist hinten dringesessen, so weiß wie Papier. Nach einer Zeit bin ich wieder rausgekommen. Wir durften weiterfahren und während der Fahrt habe ich wieder ganz langsam das Packerl in meine Manteltasche zurückgetan. In Aarbon gab es eine Mordsbegrüßung. Dann sag ich zur

Hoegner-Anni: »Da hast dein Packerl wieder.« »Ja, haben die dich nicht ausgezogen?« »Ja, freilich«, sag ich, »bis auf die Haut.« »Wo hast's denn gehabt?« »Ja, das hab ich nicht bei mir gehabt, das war im Auto.« Also gut, das war das letzte, danach haben wir uns zwölf Jahre nicht mehr gesehen. Ich sagte: »Alles Gute, aber versucht ja nicht, mir irgendwie eine Nachricht zukommen zu lassen, es ist zu gefährlich.« Dann bin ich wieder zurückgefahren, ganz legal mit meinem Schweizer Paß.

Der Hoegner war immer der Meinung gewesen, er hat nichts Gesetzwidriges gemacht, warum sollte man ihm einen Prozeß machen? Und er wollte ja partout nicht ins Ausland. Wenn ihm die Genossen nicht so zugeredet hätten, dann hätten sie ihn eines Tages erwischt. Mein Vater hat mir später, wie er vom KZ gekommen ist, erzählt, daß man gerade um die Zeit, als ich den Hoegner nach Österreich gebracht habe, in Dachau immer morgens beim Appell gesagt hat, so, heute haben wir euren Führer erwischt. Jetzt werden sie ihn gleich bringen. »Wir waren niedergeschlagen«, hat mein Vater erzählt, »die Genossen, die ihn gekannt haben, weil er nicht weg ist. Aber er ist nicht gekommen, das waren immer nur Schreckschüsse, um die Leute psychisch fertigzumachen.«

Als mein Vater 1933 vom KZ zurückgekommen ist, da war er schneeweiß und völlig ausgehungert. Wenn's geläutet hat, dann ist er auf und in den Keller runter, weil er Angst gehabt hat, jetzt holen sie ihn wieder. Ich habe über ein Jahr keine Silbe aus ihm rausgebracht, was eigentlich in Dachau los war. Erst nach einem Jahr hat er gesagt: »Das sage ich dir, eine Silbe, wenn du erzählst, dann bin ich wieder in Dachau drau-ßen, und dann komme ich nicht wieder.« Und dann hat er mir von Dachau erzählt. Dann habe ich erst richtig erfahren, was in Dachau los ist. Und das hat mich in meinem Widerstands-willen gegen die Nazis bestärkt, ich habe dann immer wieder so kleine Kurierdienste gemacht, nach Österreich und in die Tschechoslowakei, aber immer allein.

1941 wurde ich zur Luftwaffe eingezogen, ich kam zur Ausbil-dung nach Böblingen, dann zum Flughafen nach Echterdingen und von dort zum Funkereinsatz nach Frankreich. Nach einer

Verwundung wurde ich später nach München verlegt und zur Flugsicherung abgestellt. Ich hab im Bunker Funkdienst gehabt und 1944 kurz vor Weihnachten kommt der Oberleutnant rein und sagt: »Fischer, Sie müssen nachher zur Flugleitung hoch. Da sitzt ein Mann von der Gestapo oben, ich hab's nur von der weiten gesehen, der hat ein Foto, das muß irgendwo im Gebirge gemacht worden sein, und ich glaub, das ist der Hoegner, der eine der da drauf ist.« Jetzt hat's bei mir das Schalten angefangen. »Hoegner, Hoegner, im Gebirge, na, das darf doch nicht wahr sein, daß die nach fast zwölf Jahren das Bild in die Finger kriegen. Das kann nur das vom Kesselberg sein.« Ich war also vorgewarnt, durch die Äußerungen von meinem Chef, der auch alles andere war, bloß kein Nazi.

Ich gehe also da hoch und der Gestapo-Mann sitzt da und hat so einen DIN A4 Deckel, und da hat er vorn seine Finger drin. »Wollen Sie ein Glas Wein?« fragt der mich. »Nein, danke.« »Rauchen Sie?» »Nein, ich bin Nichtraucher.« Auf einmal zieht er das Foto raus und hält mir das so vor die Nase. »Die Leute kennen Sie doch?« »Da kenne ich niemanden«, sag ich. »Wir wissen das, Sie waren doch auch Sozialdemokrat.« »Naa«, sag ich, »ich war bei der Jugend, mein Vater war Sozialdemokrat.« »Das da war doch einer ihrer großen Führer.« »Das kann schon sein,« sag ich, »in Berlin vielleicht.« »Nein, nein, in München.« »So«, sag ich, »den habe ich nie gesehen.« »Und den anderen da, den kennen Sie auch nicht? Bei Ihnen wurde doch die Münchner Post gelesen.« »Na ja, der Vater hat sie halt gelesen. Das wißt ihr doch, daß der im KZ war.« »Und das ist der Chefredakteur der Münchner Post.« »So, den hab ich noch nie gesehen.« »Und den da in der Mitte, den sieht man zwar nur von hinten und das Ohr und den Rucksack, den kennen Sie auch nicht?« Da habe ich hellauf gelacht. »Entschuldigen Sie, wenn ich die zwei im Gesicht nicht kenne, wie soll ich denn den an den Ohrwascheln kennen?« »Ja, Sie können wieder gehen«, hat der gesagt. Das war's.

Der Krieg war zu Ende und eines Tages kam der Ehemann einer Nichte Hoegners zu uns raus und sagt: »Der Onkel Willi schickt mich, du mußt gleich zu ihm kommen.« »Ja«, sag ich,

»ist der in München?« Bei Nacht und Nebel haben sie den von Zürich geholt, die Amerikaner wollten, daß er sofort den Ministerpräsidenten machte. Er wohnte in dem Nordsternhaus am Siegestor. Ich gehe also hin, am Randstein steht der Hoegner und der Freiherr von Godin, der war früher Präsident der Landespolizei. Und ich komme mit dem Radl hin und sag: »So, Willi, jetzt bin ich da.« Das war eine stürmische Begrüßung.

Ich habe den Hoegner einmal gefragt, wie das passieren konnte mit dem Foto. Er meinte, da gibt es eine ganz einfache Lösung: Der Blum ist von Wien nach Linz und war Chefredakteur von der Linzer Arbeiterzeitung. Und wie die Nazis dann 1938 nach Österreich einmarschiert waren, haben sie diese Zeitung aufgelöst und alle Redakteure verhaftet. Eines Tages hat Frau Blum dann eine Karte bekommen, daß ihr Mann auf der Flucht erschossen worden sei. Das war üblich bei den Nazis. Sein ganzes Zeug in Linz haben sie damals beschlagnahmt. Und der Hoegner hat gesagt, er weiß ganz genau, daß der Blum von Dr. Klaar einen Abzug erhalten hat, und den haben sie gefunden. Und dann haben sie viele Jahre gesucht, um auf den zu kommen, von dem man da die Ohrwaschel sieht. Den hätten sie haben wollen. Und wahrscheinlich haben sie da immer wieder mal einen Tip gekriegt. So sind sie wohl auch auf mich gekommen, ich war ein Skilehrer und ein Bergsteiger, war ein Sozialdemokrat, der Vater war im KZ. Und wenn mir der Oberleutnant nicht den Tip gegeben hätte, dann wäre ich bestimmt erschrocken, und wenn ich nur die Farb gewechselt hätte. Und dann wär's aus gewesen.

Anton Kulzer
Die Angst war immer dabei

Widerstand gegen die Nazis, das bleibt festzustellen, war niemals eine Massenbewegung. Die mutigen Personen des Widerstands sahen sich immer in der Minderheit. Sie sahen sich nicht nur staatlicher Verfolgung ausgesetzt. Auch aus ihrer direkten Umgebung, von Nachbarn, Kollegen, ja Familienangehörigen, drohte die Gefahr der Denunziation. Außerdem gelang es der Gestapo immer wieder, Spitzel einzuschleusen. In München zu traurigem Ruhm gelangt ist der Spitzel »Theo«, ein ehemaliger Kommunist, den die Nazis im KZ Dachau »umgedreht« hatten. Theo arbeitete sich bald in die Führungsspitze der illegalen KPD in München vor, und baute sogar weitreichende Kontakte zum SPD-Widerstand, zu Gruppen der SAP und zu oppositionellen Kräften in der Bayerischen Volkspartei auf. Im Juni 1936 trug sein Werk dann Früchte: Die Gestapo verhaftete fast die gesamte Führung des KPD-Widerstands, viele von ihnen wurden ermordet oder jahrelang eingekerkert. Vier Wochen später traf die Verhaftungsaktion die im Untergrund arbeitenden Sozialdemokraten.

Daß die Angst immer mitspielte, das gibt Anton Kulzer ganz offen zu. Er war Mitglied eines Untergrundzirkels des Internationalen Sozialistischen Kampfbundes (ISK), der politisch eher eine unbedeutende Rolle spielte, im Widerstand aber zu den aktiven Gruppen gehörte. Die Münchner ISK-Gruppe blieb bis 1938 intakt, aber über Verbindungen mit Berlin wurde der Münchner Kreis im Juli 1938 aufgerollt. Anton Kulzer wurde als Wehrmachtsangehöriger vor dem Reichskriegsgericht in Berlin zu zweieinhalb Jahren Zuchthaus verurteilt.

Ich wurde am 4. August 1915 geboren. Meine Mutter war die älteste Tochter von Kleinhäuslern, also kleinen Bauern aus der Oberpfalz, man sagt, die hatten mehr Kinder als Rinder. Meine Mutter mußte bei anderen, größeren Bauern arbeiten und ist dann später in die Stadt gegangen, erst nach Hof und dann nach München. Hier hat sie meinen Vater kennengelernt, das war kurz vor dem Ersten Weltkrieg.

Mein Vater war Zinngießer. Aber bald ist es mit der Zinngießerei aus gewesen, und er war lange arbeitslos. Von 1929 an arbeitete er dann bei der Eisenbahn. Meine Eltern waren SPD-Wähler und wir bezogen die »Münchner Post«.

Ich bin in Untergiesing geboren. Als ich acht Jahre alt war, sind wir auf die Schwanthaler Höhe umgezogen, ebenfalls ein typisches Münchner Arbeiterviertel. Dort bin ich acht Jahre in die Schule gegangen. Ich war handwerklich nicht besonders geschickt, mit dem Schreiben und Lesen habe ich mich leichter getan, so haben mich meine Eltern in eine kaufmännische Lehre gegeben.

Von 1930 bis 1933 dauerte meine Lehrzeit, danach wurde ich gleich arbeitslos. Der Chef hat gesagt: »Wir können dich nicht brauchen, das Geschäft geht nicht gut.« Das war halt damals so, das war ein kleiner Betrieb. Ich mußte mir also etwas anderes suchen. Nach sechs Wochen habe ich eine neue Arbeit gefunden, für 30 Mark im Monat und Mittagessen. Das war selbst für damalige Verhältnisse sehr wenig. Aber der Chef, ein Glasermeister, hat bei der Einstellung gesagt: »Mehr gibt es nicht!«

Ich habe dort sieben Monate gearbeitet, dann hat die Frau von dem Glaser selbst die schriftlichen Arbeiten übernommen. Da war ich wieder zwölf Wochen arbeitslos. Dann fand ich Anstellung bei einer großen Spedition. Dort war ich dann bis 1937. Von April 1936 bis September 1936 war ich beim Arbeitsdienst. Das war ja Pflicht.

1937 bin ich dann zur Wehrmacht eingezogen worden, da war ich 22 Jahre alt.

Während meiner Lehrzeit bin ich 1931 in die Jugendgruppe des Zentralverbands der Angestellten gegangen, das war der linke Angestelltenverband, der zur Gewerkschaft gehört hat. Wir waren damals 16 Jahre alt, da haben wir nicht besonders politisiert, aber wir hatten so einen linken Drall, würde man heute sagen. Unsere Jugendgruppe wurde 1933 natürlich auch aufgelöst. Wir hatten am Anfang noch einen engen Zusammenhalt, aber der ist mit der Zeit ziemlich abgebröckelt. Dann hat man sich kaum noch getroffen.

Ich habe dann Kontakt zu einer Gruppe der »Naturfreunde« in Freising bekommen. Das war auch keine besonders große politische Angelegenheit, man konnte aber offen untereinander reden und wir haben schon damals die ersten illegalen Zeitungen aus dem Ausland bekommen und besprochen. Einer von den Freisingern kannte den Ludwig Koch vom Internationalen Sozialistischen Kampfbund (ISK).

Und irgendwie haben die mich rausgepickt und haben mich in ihren illegalen Kreis aufgenommen. Das war 1935. Die haben mich erst ein bißchen getestet, ob ich auch sattelfest bin. Also entweder, sie haben keinen besseren gefunden, oder sie haben mich einfach brauchen können. Ich wurde dann jedenfalls in eine Dreiergruppe aufgenommen. Die Gruppe war schon größer, aber es kannten sich immer nur solche Dreiergruppen. Wir haben uns regelmäßig verabredet und auch Vorsichtsmaßnahmen ergriffen, wenn man also zu der und der Zeit nicht da und da war, dann wußten die anderen, es ist was passiert, oder man muß sich vorsehen. Wir haben uns nie in einer Wohnung oder einem Lokal getroffen, sondern immer draußen, wo wir gleich flitzen konnten, wenn es brenzlig wurde.

Wir haben uns getroffen und versucht, die derzeitige Situation zu besprechen, wir haben uns überlegt, hat's einen Sinn, daß man den Kopf hinhält oder hat's keinen Sinn. Aber wenn man jung ist, dann hat man mehr Mut, dann denkt man nicht so weit voraus. Ich habe also ab 1935 mit dem Ludwig Koch zusammengearbeitet. Wir haben regelmäßig illegale Zeitungen bekommen und weiterverteilt.

Ende 1935 haben wir eine Aktion gemacht, ich weiß nicht mehr aus welchem besonderen Anlaß, da sind wir mit so einer Malerrolle und einer Schablone losgezogen, das war ein Galgen, an dem ein Hakenkreuz drangehängt ist, das war damals ein bekanntes Zeichen für die Gegner der Nazis. Mir war ein Genosse zugeteilt gewesen, mit dem bin ich dann am Abend mit dieser Rolle losgezogen. Wir haben den Auftrag gehabt, wo es irgend geht, also, wo man nicht gleich erwischt wird, so ein Zeichen anzubringen. Ich muß ehrlich sagen, ich hatte ziemlich Angst, aber der andere hatte bessere Nerven als ich. So haben wir da einige Male auf der Ludwigstraße unsere Rolle ablaufen lassen. Ich war dabei furchtbar nervös, ich habe immer links und rechts gepeilt. Einmal ist uns die Rolle dann aus der Halterung gerutscht, wir haben gar nicht lange gesucht, sondern haben gesagt: »Nur schnell weg!« Das war also keine besonders große Heldentat, aber wir haben doch ein paar Galgen angebracht.

Wenn die mich damals schon gekriegt hätten, dann wäre ich dran gewesen. Aber ich hatte Glück und bin gut heim gekommen. Das wichtigste Gefühl war eigentlich: Du hast mal etwas getan, was du tun mußtest, du hast was riskiert, du redest nicht immer nur blöd daher, sondern du tust auch mal was.

Ende 1936 bin ich dann vom Arbeitsdienst zurückgekommen und hatte wieder Kontakt zur Koch-Gruppe. 1937 haben wir noch einmal eine Aktion gemacht mit Flugblättern, und zwar ging die aus vom Feilitschplatz, Heute Münchener Freiheit. Da war früher eine Gartenwirtschaft.

Weiter draußen waren einige Kasernen. Und diese Gartenwirtschaft war der Platz, wo sich die Soldaten und ihre Bräute ein Stelldichein gaben. Dort hatte ich mich mit Ludwig Koch verabredet, der mir Flugblätter übergeben wollte. Während ich auf *mein* »Stelldichein« wartete, stand neben mir ein Soldat von der Luftwaffe. Es wurde acht Uhr abends. Da bin ich schon auf Kohlen gestanden. »Haben sie ihn jetzt erwischt? Was ist los?« Ich habe eine halbe Stunde ausgeharrt, für mich war es furchtbar lang.

Dann ist der Ludwig gekommen und hat mir ein Päckchen in die Hand gedrückt und hat gesagt: »Das sind ein bißchen

Das Ehren= und Disziplinargericht
der Deutschen Arbeitsfront

Gau München-Oberbayern
Luisenstraße 15/II

Nr. 19 I 108/41 E LV
(stets anzugeben)

Ausfertigung

Entscheidung nach Lage der Akten

In dem Verfahren gegen   Anton Kulzer

geboren am 4.8.15 zu München

wohnhaft in   München   , Landsberger- Straße Nr. 68/I

Mitglied der NSDAP. Nr. —— / der DAF. seit 1. Januar 19 35

wegen Verstoß nach § 2 Abs.I der Ehren- und Disziplinar-

ordnung der Deutschen Arbeitsfront

(Vorbereitung zum Hochverrat)

hat der Vorsitzende der Kammer I des Ehren- und Disziplinargerichtes Gau

München - Oberbayern , pg. Karl König

am   18. Mai 1942

für Recht erkannt:

1. Der Angeschuldigte ist schuldig eines Verstosses nach
   § 2 Abs.I der Ehren- und Disziplinarordnung der Deutschen Arbeitsfront
2. Er wird auf die Dauer von drei Jahren aus der Deutschen Arbeitsfront ausgeschlossen.
3. Es wird ihm die Würdigkeit zur Bekleidung eines Amtes in der Deutschen Arbeitsfront für dauernd aber-

Gründe: kannt.

Der Angeschuldigte gehört der Deutschen Arbeitsfront
seit 1. Januar 1934 als Mitglied an. Der Kreisobmann
der Kreiswaltung München sah sich am 12. Juli 1941 zur
Stellung des Verfahrensantrages veranlasst, da ihm bekannt wurde, daß der Angeschuldigte wegen Vorbereitung
zum Hochverrat in Haft sei.
Die Ermittlungen ergaben, daß der Angeschuldigte durch
Urteil des Reichskriegsgerichtes in Berlin vom 22. .
1939 wegen Vorbereitung eines hochverräterischen Unter-
nehmens zu zwei Jahren und 6 Monaten Zuchthaus, zur

Entscheidung nach Lage der Akten.
B 23. § 54 DO. (4. 39.) DK.

•/•

*Wegen seiner »vaterlandslosen Gesinnung« ruhte die zwangsweise
Mitgliedschaft Kulzers in der DAF für drei Jahre.*

Aberkennung der bürgerlichen Ehrenrechte auf die Dauer
von drei Jahren verurteilt wurde. Auch wurde auf Verlust der Wehrwürdigkeit erkannt.

Der Angeschuldigte gab bei seiner Vernehmung im Er-
mittlungsverfahren seine strafbaren Handlungen zu,
derentwegen er zur Zuchthausstrafe von zwei Jahren und
sechs Monaten, zur Aberkennung der bürgerlichen Ehrenrechte auf drei Jahre und zur Aberkennung der Wehrwürdigkeit verurteilt wurde. Er beteuert, sich in Zukunft
nichts mehr zuschulden kommen zu lassen und bittet,
ihn nicht aus der Deutschen Arbeitsfront auszuschliessen.

Die Verfehlungen des Angeschuldigten sind ehrlos, den
Bestrebungen der Deutschen Arbeitsfront zuwiderhandelnd
und ein schwerer Verstoss gegen § 2 Absatz I der Ehren-
und Disziplinarordnung der Deutschen Arbeitsfront. Der
Angeschuldigte wurde wegen seiner vaterlandslosen Gesinnung zu einer erheblichen Zuchthausstrafe verurteilt
und es wurden ihm darüber hinaus die bürgerlichen Ehrenrechte aberkannt und der Verlust der Wehrwürdigkeit ausgesprochen. Dadurch ist der Angeschuldigte unwürdig geworden Mitglied der Deutschen Arbeitsfront zu sein,
und er war somit auf die Dauer von drei Jahren aus der
Deutschen Arbeitsfront auszuschliessen und ihm gleichzeitig die Würdigkeit zur Bekleidung eines Amtes in der
Deutschen Arbeitsfront für dauernd abzuerkennen.

Wenn von einem dauernden Ausschluß aus der DAF. abge-
sehen wurde - den der Angeschuldigte wohl verdient hätte - so deshalb, weil derselbe offensichtliche Reue
zeigt und verspricht, nie wieder straffällig zu werden.
Erschwerend war jedoch die vaterlandslose Haltung des
Angeschuldigten zu würdigen.

Es war somit zu entscheiden wie geschehen.

München, den 13. Mai 1942

                    In Vertretung:

                    gez.: K ö n i g
                    Richter der DAF.

Ausgefertigt

München am 18. Mai 19 42

Gef. Geschäftsstellenleiter, Kummer

mehr, weil uns einer ausgefallen ist.« Also, mir hätten ein paar weniger auch schon gereicht. Aber wenn, dann muß man mit. Ich bin dann in Richtung Nordfriedhof marschiert. Damals war dort alles noch unverbaut, da hat es noch Felder gegeben.

Plötzlich merkte ich, daß dieser Luftwaffenmensch mir nachging. Wahrscheinlich hatte der auch auf jemanden gewartet und ist versetzt worden. Aber, Sakradi, habe ich gedacht, der hat das gesehen, wie ich das Päckchen bekommen habe. Das war schon ekelhaft, wie der hinter mir her ist. Da war's mir nicht wohl.

Ich bin dann stehengeblieben und habe so getan, als wenn was mit meinem Schuhbandel nicht in Ordnung wäre. Und da ist er Gott sei Dank weitergegangen. Ich habe ihn schön weitergehen lassen, und der ist in irgendeiner Seitenstraße verschwunden, also jedenfalls war er weg.

Ich ging dann zu einem Weg, da sind die Arbeiter vom Maffei immer lang gegangen, zwischen den Getreidefeldern hindurch. Ich habe die Flugblätter am Weg entlang verstreut. Das waren DIN A 4-Flugblätter, hektografiert, die waren zusammengelegt und in roten und schwarzen Wachstuchtäschchen versteckt.

Ich war neugierig, was ich da verteilt hatte, und habe mir eins eingesteckt. Ich hab's mit heimgenommen und hab's dann erst gelesen. Es war ein Aufsatz zum 1. Mai 1937.

Ich bin Anfang November 1937 zur Wehrmacht eingezogen worden und war neun Monate lang in Oberammergau in der Kaserne bei der Nachrichtenabteilung. Wenn ich Urlaub hatte, dann habe ich den Kontakt zur Koch-Gruppe aufrechterhalten. Mal Weihnachten, mal Ostern, mal an einem Wochenende. Ich habe immer geschaut, wie's halt mit dem »Verein« steht.

Einer aus unserer Gruppe, der Ludwig Linsert, der hatte einen Kolonialwarenladen in Laim draußen, das war so eine Art Anlaufstelle für uns. Es war relativ risikolos, dort Nachrichten zu bekommen oder zu hinterlassen.

Ende Juli 1938 hatte ich dann acht oder zehn Tage Urlaub und bin wie immer, wenn ich in München war, in diesen Laden gegangen. Ich habe mit Linsert gesprochen, er hat nur erzählt, daß einer aus der Gruppe, ein Rechtsanwalt, in die Schweiz geflüchtet ist. Dann haben wir uns verabredet, am nächsten Tag sollte ich mit ihm an einen See fahren zum Baden, er hatte ein Motorrad. Ich bin also am nächsten Tag hingegangen. Seine Frau war im Laden, mit verweinten Augen. Da habe ich gedacht, mei, jetzt ist was geplatzt. Und tatsächlich, die Gestapo hatte ihn geholt. Und kurz vorher waren auch schon der Ludwig Koch und ein paar andere hochgegangen.

Ich habe mir überlegt, was soll ich tun, gehst flitzen oder nicht? Aber ich dachte, wenn ich jetzt stiften gehe, und die erwischen mich dabei, dann wird's schlimm. Ich weiß nicht, ob ich das aushalten kann, ob ich dann dicht halten kann. Das habe ich mir nicht zugetraut. Abhauen, da hieß entweder in den Untergrund zu gehen, aber da war ja fast nichts mehr, oder ins Ausland. Aber mit meinen fünf Mark, die ich damals hatte . . .

Ich habe mir dann überlegt, vielleicht komme ich noch einmal davon und habe das Glück, daß sie mich nicht holen. Ich bin erst mal einfach in den Tierpark gegangen. Von den Viechern dort habe ich nicht viel gesehen. Aber irgendwo mußte ich ja hingehen. Da bin ich traumverloren stundenlang rumgegeistert. Am Abend habe ich mich erst mal wieder heimgetraut, damals habe ich noch bei meinen Eltern gewohnt.

Ich bin dann, als der Urlaub um war, wieder in die Kaserne, das muß Ende Juli gewesen sein. Da habe ich mir eigentlich schon gedacht, es scheint an mir vorübergegangen zu sein, ich habe eine leise Hoffnung gehabt.

Aber am 5. August, als ich mich schon etwas erleichtert gefühlt hatte, bin ich dann doch verhaftet worden. Wir sind mittags angetreten und wollten zum Baden gehen. Auf einmal kommt von der Kommandantur unser Ausbildungsoffizier auf uns zu. Er schreit: »Kulzer raustreten!« Also, ich bin wie eine Salzsäule dagestanden. Ich war nie ein besonders guter Soldat, ich wollte es nicht sein und hatte auch kein Talent dazu, und meine Kameraden haben gewußt, also der Kulzer, der schläft doch sowieso im Dienst. Die haben mich dann angeschubst: »Na, geh weiter!«.

Ich mußte dann mit ins Zimmer des Adjudanten und dort waren schon zwei Zivilisten, die waren von der Gestapo. Die haben das Fragen angefangen. Zuerst habe ich gar nicht viel gesagt. Aber die haben schon ziemlich viel gewußt, die hatten die anderen aus der Gruppe ja schon 14 Tage in der Mangel. Dann bin ich nach München ins Wittelsbacher Palais gebracht worden.

Am nächsten Tag sind wieder die Verhöre angegangen, im Keller drunten. Es waren immer zwei Gestapoleute, der eine war der Böse, der andere der relativ Anständige. Und wenn der Bullbeißer nichts rausgebracht hat, dann kam der Zahme dran.

Insgesamt war ich 13 Tage im Gestapo-Gefängnis. Am 18. August 1938 bin ich dann überstellt worden, weil ich Wehrmachtsangehöriger war, nach München in die Wehrmachts-Arrestanstalt in der Leonrodstraße.

Dort war ich sieben Monate in Einzelhaft. Dann bin ich nach Berlin gekommen. Da war ich wieder fünf Monate in Einzelhaft. Am 22. August 1939 war dann die Verhandlung vorm Reichskriegsgericht. Lauter Lametta saß da, Gold und Silber.

Die anderen aus meiner Gruppe waren zu der Zeit schon verurteilt vom Volksgerichtshof. Die haben hohe Zuchthausstrafen gekriegt. Der Ludwig Koch zum Beispiel hat acht Jahre bekommen.

Ich selbst bin dann zu zweieinhalb Jahren Zuchthaus verurteilt worden, dazu Wehrunwürdigkeit, aber das hat mich nicht besonders gekratzt. Ich bin ins Zuchthaus Lukau gekommen in der Niederlausitz, dort hat früher der Karl Liebknecht zweimal eingesessen.

Ich war drei Monate in Lukau und bin dann ins Moor gekommen, nach Esterwegen. Die haben damals alle, die von Militärgerichten verurteilt worden waren, ins Moor geschickt. Die Zeit in Esterwegen war ziemlich hart. Wir mußten bei der Moorkultivierung, also Trockenlegung, mitarbeiten. Damals waren im Lager, so schätze ich, 1500 bis 1700 Gefangene. Die Hälfte Sicherheitsverwahrte, die andere Hälfte waren sogenannte »gewöhnliche« Zuchthäusler. Ein großer Teil rein Kriminelle, aber auch Politische.

Ich bin am 22. Februar 1941 entlassen worden und wieder nach München gekommen. Ich habe keine Arbeit gefunden. Wenn ich irgendwo hingegangen bin, und habe versucht, als kaufmännischer Angestellter was zu finden, haben die mich immer gefragt, was ich bisher gemacht habe. Einmal hat der »Löwenbräu« einen Spediteur gesucht. Ich bin hingegangen. Da war so eine ältere Dame im Büro. Und die hat mich gefragt, wo ich denn vorher gewesen wäre. Ich konnte die doch nicht anlügen. Da habe ich es ihr gesagt. Die ist ganz blaß geworden, sie war schließlich allein mit mir, mit einem Zuchthäusler. Die hat direkt aufgeschnauft, wie ich wieder raus war. Ich habe dann bei einer großen Speditionsfirma eine Anstellung gefunden. Ich mußte mich erst jeden zweiten Tag beim Polizeirevier melden. Dann einmal in der Woche. Dann haben sie mich nicht mehr sehen mögen. Na ja, ich sie auch nicht.

Nach einem Jahr habe ich einen Brief von der Gestapo bekommen, ich solle mal hinkommen. Ich bin dann hin. Der hat mich ein bisserl ausgefragt, ob ich noch Kontakte hätte. Da haben sie mir eröffnet, daß ich bald wieder zur Wehrmacht eingezogen würde.

Ich habe dann im Juni 1943 einen Einberufungsbefehl zur Wehrmacht bekommen. Und zwar zur Bewährungseinheit 999 am Heuberg.

Ich bin dann nach Frankreich gekommen, dort haben wir Bunker gebaut, damit uns die bösen Feinde nicht überrollen. Doch die anderen waren uns schon zu nah auf der Pelle, dann mußten wir Gleisbau machen – für den Rückzug. Nach der Invasion ging es weiter ins Landesinnere. Aber die Disziplin ist bald flöten gegangen. Die haben alle geschaut, wann der nächste Zug nach Osten geht. Im März haben wir uns praktisch aufgelöst. Ich war dann in Clausthal-Zellerfeld, dort habe ich das Kriegsende miterlebt. Dann bin ich zurück nach München und habe erstmal zwei Jahre bei den Amis gearbeitet. 1949 habe ich beim Landesentschädigungsamt angefangen und war dort bis zu meiner »Verrentung« als Sachbearbeiter tätig.

Es gibt ja Leute, mit denen kannst du über die Zeit damals überhaupt nicht diskutieren, nicht, weil die verbohrt sind, nein, weil die das einfach nicht interessiert, die hat das noch nie interessiert. Das ist ein sehr großer Teil. Ein anderer erheblicher Teil hat das verdrängt. Die sagen, ja mit was kommt jetzt der daher? Für junge Leute ist diese Zeit so ungefähr wie Heinrich, der XVII. Die haben kein Verständnis dafür. »Was juckt mich das, was vor 30 Jahren geschah?«

Dabei muß man doch wissen, wie das damals war: Die Nazis sind ja nicht mit einem Putsch an die Macht gekommen, sondern sie sind gewählt worden. Zwar mit den Deutschnationalen, aber das war doch so. Hitler ist nicht wie eine Rakete gekommen. Wir können das nicht wegdiskutieren. Die NSDAP hat 1933, und da war die Wahlmöglichkeit noch relativ korrekt, über 40 Prozent gehabt. Und mit den Deutschnationalen zusammen mehr als 50 Prozent.

Letzten Endes kann das deutsche Volk keineswegs generell von Schuld freigesprochen werden.

Martin Albert
Der heimliche Widerstand in der NSF

Bis zum Jahre 1938 war es der Gestapo gelungen, den größten Teil des Arbeiterwiderstands, der sich nach der Machtergreifung durch die Nazis gebildet hatte, zu zerschlagen. Durch unvorsichtiges Taktieren oder nach der Einschleusung von Spitzeln war eine Gruppe nach der anderen aufgeflogen, ihre Mitglieder wurden ins Zuchthaus oder ins KZ gesteckt.

Relativ intakt blieben eigentlich nur Gruppen, die sich strikt auf Betriebsebene gebildet hatten, mit einer überschaubaren Anzahl von Mitgliedern, langjährigen Parteifreunden oder Kollegen, auf die man sich absolut verlassen konnte. Widerstand auf Betriebsebene blieb oft bis Kriegsende unentdeckt, so zum Beispiel bei der Münchner Rüstungsfirma Steinheil, wo sich 1939 eine Gruppe zusammenfand. Das gleiche gab es bei den Bayerischen Motorenwerken (BMW). Am 28. April 1945 blockierten Arbeiter die Zufahrtsstraßen nach München, Eisenbahner hielten Züge an, um zu verhindern, daß die SS sich in München verschanzt und im Kampf gegen die anrückenden Amerikaner die Stadt dem Erdboden gleich machen würde. Auch wenn das nicht vollständig gelang, so fiel die Stadt doch fast kampflos am 29. April in die Hände der Alliierten.

Symbol für den Betriebs-Widerstand wurde die Nürnberger Schraubenfabrik (NSF), die zur Zufluchtsstätte für Antifaschisten aller Couleur wurde. Martin Albert war maßgeblich am »heimlichen Widerstand in der NSF« beteiligt.

Ich wurde am 5. Januar 1909 geboren. Erfaßt vom Taumel nationaler Begeisterung, der beim Kriegsausbruch 1914 die Deutschen übermannte, zog auch mein Vater als Freiwilliger in den Krieg. Er kam aus einer Kleinbürgerfamilie, alteingesessene Handwerker, die mit der Wasserkraft der Pegnitz am »Schleifersteg« in Nürnberg die Messer schärften, aber auch Bajonette für den Landsturm und Säbel für die Kavallerie Seiner Majestät. Nur wenige Wochen an der Front, wurde mein Vater verwundet und Weihnachten 1914 als »vermißt« gemeldet.

Meine Mutter und ich zogen in eine billige Mansardenwohnung. Der kleine Herd wurde mit Zeitungspapier geheizt, das im nahegelegenen Villenviertel der Reichen abfiel. Wir waren arm. Als die Großmutter starb, kam es zur Besitzaufteilung. Mein Anteil wurde »mündelsicher« angelegt, laut Gesetz in eine »Kriegsanleihe« ungewandelt, um am Ende der Inflation zum Opfer zu fallen.

Als meine Mutter einen Lokomotivheizer heiratete, hieß es wieder sparen, kleine Staatsdiener waren damals schlecht bezahlt. Ich begann eine Maschinenschlosser-Lehre bei der Reichsbahn, Studium war trotz guter Volksschulnoten nicht drin. Gearbeitet wurde 54 Stunden in der Woche, natürlich auch samstags, und die Lehrzeit betrug vier Jahre. Über Urlaub lohnt sich nicht zu reden, erstens gab es nur acht Tage im Jahr, und zweitens hatten wir kein Geld. Die wenige Freizeit nutzte ich in der sozialistischen Jugendbewegung, in der Gewerkschaft wirkte ich als Lehrlingsvertreter der Eisenbahner.

Durch einen Schulfreund war ich zur Sozialistischen Arbeiterjugend gestoßen. Als Gruppenführer und Stadtteilvorsitzender brachte ich es zum »Funktionär«, was mir sehr viel bedeutet. Ab Januar 1933 stand ich der SAJ in Mittelfranken vor. Darin mag man heute eine gewisse Weltfremdheit sehen.

Aber wir haben tatsächlich noch im Januar 1933 die Organisationsgliederung »SAJ-Mittelfranken« neu geschaffen.

Kultureller Mittelpunkt der SAJ in Nürnberg war der Jugendchor, geleitet von Hannes Marxen, Dichter und Komponist vieler Arbeiterjugend-Lieder. Noch heute besuchen die Mitglieder der »Alt-SAJ« in Omnibusstärke ihren Hannes in Mittelschweden, wohin er 1933 emigrierte. Aus dem Jugendchor habe ich mir 1930 die Leute für ein politisches Kabarett zusammengesucht, die »Roten Raketen«. Vorbilder gab es in vielen deutschen Städten, wie Berlin, Frankfurt und Stuttgart; führend waren die »Roten Spatzen« in Leipzig. Wir tauschten gegenseitig Material und Erfahrungen aus.

Als zeitgemäßes politisches Ausdrucksmittel wurden die »Roten Raketen« rasch zu einem Instrument der SPD-Wahlkämpfe. Um auch in kritischen Bezirken die Versammlungssäle drückend voll zu bekommen, waren auf den Plakaten neben der Ankündigung des Redners immer häufiger Aufkleber zu sehen: »Die Roten Raketen kommen«.

Dann hieß es, nach einem langen Arbeitstag, den Lastwagen mit Scheinwerfern, der Stilbühne und allen möglichen Requisiten schnell zu beladen, wir selbst mußten auch noch drauf. Und fehlen durfte auch keiner, das galt für die fünf Musiker ebenso wie für die Darsteller und den Beleuchter. Private Interessen konnte es nicht geben und von Bezahlung war keine Rede, Sketches, Gesang und Sprechchor mußten aktuell sein. Die Tagesereignisse waren zu kommentieren oder zu glossieren, dafür hatten wir unseren eigenen »Goebbels«. Das Aufspießen der lokalen Nazi-Größen brachte stets den größten Erfolg. Wie überall im Kabarett versuchten auch wir, schwer durchschaubare Vorgänge in der Politik durch Übertreibung und Überspitzung sichtbar zu machen.

Natürlich konnten wir nur noch unter dem Schutz des Reichsbanners auftreten. Manchmal warnte uns die Polizei vor auflauernden Nazis, dann mußten wir auf der Heimreise einen Umweg fahren.

Einmal sollte ich als neuen Gag beim Beginn einer Vorstellung als SA-Mann verkleidet durch die hintere Saaltüre kommen und Nazi-Zeitungen anpreisen. »Völkischer Beobachter«

konnt ich noch rufen, dann ging ich mitsamt dem Zeitungsbündel zu Boden. Das Nürnberger Reichsbanner hatte sich für den Saalschutz qualifiziert. Der sich von Tag zu Tag verschärfende politische Kampf lastete schwer auf den Genossen. Wie sie damit fertig wurden, wo sie die Kraft hernahmen, Opfer über Opfer zu bringen ohne die Gewißheit des Sieges, ist aus heutiger Sicht kaum zu erklären. Ich hatte Angst. Vor der Arbeitslosigkeit, vor Hitler, vor dem Krieg, besonders vor dem Krieg.

Ich mochte 15 oder 16 gewesen sein, als ich Remarques Buch »Im Westen nichts Neues« in die Hand nahm. Später habe ich auch den gleichnamigen Film gesehen. Ich glaube, daß die realistische Schilderung des Krieges zum entscheidenden Impuls für meinen politischen Weg wurde. Ein gütiges Schicksal hat mich zweimal davor bewahrt, Waffen in die Hand nehmen zu müssen. Ich gebe zu, dem Schicksal recht massiv nachgeholfen zu haben, wofür ich viel Angst auszustehen hatte.

Meine Berufsausbildung bei der Reichsbahn erfolgte nach Lehrplan, wobei einer gründlichen Ausbildung gegenüber der »Produktivität« des Lehrlings der Vorzug gegeben wurde. Das war ein großer Fortschritt. Aber die besten Noten änderten nichts an der sofortigen Entlassung nach der Lehrzeit. Die Arbeitslosigkeit strebte 1927 ihrem Höhepunkt zu, ich schippte Kohlen und bekam an den Händen eiternde Blasen.

Endlich fand ich eine Stelle als Elektromechaniker bei der Nürnberger Schraubenfabrik (NSF), in dem Betrieb, in dem sich später unser heimlicher Widerstand gegen die Nazi-Diktatur abspielte.

Politisch geriet die Weimarer Republik in immer größere Bedrängnis. Der Zusammenschluß der Konservativen, der Nationalisten und der Militaristen in der Harzburger Front, die unverhohlene finanzielle Unterstützung der Nazis durch die Großindustriellen ließen die Stoßrichtung der Republikfeinde deutlich werden: Abschaffung der parlamentarischen Demokratie. Kurioserweise war dies der gemeinsame Nenner der Radikalen von rechts und von links, wie das Volksbegehren zur Auflösung des Preußischen Landtags deutlich machte.

Papen konnte die preußische Regierung entfernen lassen, nachdem die Reichstagswahlen von 1932 zeigten, daß sich die Sozialdemokraten und ihr liberaler Koalitionspartner auch im »roten Preußen« auf keine Mehrheit im Volk mehr stützen konnten. In Thüringen und Braunschweig regierten bereits die Nazis mit den Deutschnationalen.

Ich war nicht einfältig genug zu glauben, daß die demokratischen Sozialisten den Republikfeinden auf Dauer widerstehen könnten, angesichts der wirtschaftlichen Krisensituation, des Millionenheeres der Arbeitslosen und Kurzarbeiter, auch nicht mit der gewerkschaftlichen Waffe. Eine Auseinandersetzung auf Barrikaden hielt ich erst recht für völlig chancenlos. Das paramilitärische Gewicht des Reichsbanners war gegenüber der militärischen Ausrüstung der vaterländischen Verbände überhaupt nicht erwähnenswert. An das reguläre Militär und die kasernierte bayerische Landespolizei mochte ich dabei gar nicht denken. So oder so, ein Fehlschlag konnte keinesfalls ausgeschlossen werden. Über dies und vieles andere habe ich nachgedacht, aber kaum mit jemandem darüber gesprochen. Die Genossen waren bereit, bis zum Ende zu kämpfen, das wußte ich.

Ich dachte damals wie die Genossen, daß die nationalsozialistische Epoche in kurzer Zeit zu Ende gehen würde. Wer wollte auch glauben, daß Liberale, Bayerische Volksparteiler und Zentrumsabgeordnete dem Adolf Hitler durch ein Ermächtigungsgesetz die brutale Ausübung der totalen Macht zugestehen würden. Oder daß der Vatikan ein Reichskonkordat mit der Gewaltherrschaft abschließen würde, was als großer diplomatischer Erfolg der Nationalsozialisten zu werten war. Ich konnte mir damals auch kein Münchner Abkommen mit Franzosen, Engländern und Amerikanern vorstellen, durch den ein anderer Staat unterjocht wurde. An einen Hitler-Stalin-Pakt dachte ich am allerwenigsten.

Unmittelbar nach der Märzwahl 1933 entpuppten sich in den Mietshäusern häufig recht miese Figuren als »Hauswarte«, deren einzige Aufgabe darin bestand, die Mitbewohner zu bespitzeln und einzuschüchtern oder die Beflaggung mit papierenen Hakenkreuzfähnchen zu erzwingen. Das machte mir klar,

*Martin Albert zusammen mit Waldemar von Knoeringen beim
»Aufbautag des Volkes« 1948 in Nürnberg.*

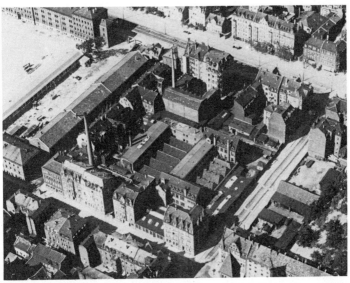

*Eine Luftaufnahme der Nürnberger Schraubenfabrik aus dem Jahre
1927. Hier spielte sich der heimliche Widerstand ab.*

daß sich der braune Terror bis in die eigenen vier Wände auswirken würde. Dagegen konnte unser Organisationssystem mit dem SPD-Straßenvertrauensmann in der Illegalität nicht taugen. Im Betrieb war es anders, dort begegneten sich die Genossen jeden Tag.

Meine Stellung als Werkmeister in der Abteilung Elektromechanik und Meßgerätebau erlaubte mir, Freunde auf besonders qualifizierten Arbeitsplätzen als Vorarbeiter, im Prüffeld usw. einzusetzen. Dies praktizierten wir schon vor 1933, um unsere Leute vor Entlassungen und nach Möglichkeit auch vor Kurzarbeit zu bewahren. Mit Kriegsbeginn erlangte diese Taktik eine besondere Bedeutung. Der qualifizierte Arbeiter konnte in der Regel »uk-gestellt«, d. h. vom Militärdienst befreit werden. Die Schwierigkeit war manchmal, den Genossen zu bewegen, sich durch Leistung für den exponierten Arbeitsplatz zu qualifizieren. Warum ich ihn dazu drängte, konnte ich ihm natürlich nicht sagen. Zum Glück waren unsere Amtswalter im Betrieb nicht die Allerschlauesten. Ich konnte es manchmal nicht fassen, daß sie nicht merkten, was hier vor sich ging.

Wenn sich die NSF zum Asyl für Nazi-Gegner entwickeln konnte, lag dies wohl an der einmaligen Arisierungsgeschichte des ehemals jüdischen Betriebes. »Betriebsführer« Dr. Paul Hinsel war ein weitläufiger Verwandter der jüdischen Vorbesitzer. Julius Streicher, der sich selbst zum »Frankenführer« ernannt hatte, ließ unter freiem Himmel ein Podium aufbauen, die 3 000 Mann starke Belegschaft mußte im Fabrikhof antreten. Streicher beschimpfte Dr. Hinsel, der neben Streicher auf dem Podium stehen mußte, als »Judenknecht«, der schon auch noch »drankäme«. Doch Dr. Hinsel erwies sich als eine so gewandte Persönlichkeit, daß die Machthaber an ihm scheiterten.

Die zeigte sich auch, als die Genossen Ludwig Bach, Otto Kraus und ich selbst im Dezember 1935 aus dem Betrieb heraus verhaftet wurden. Das erregte natürlich Aufsehen und mußte den Argwohn der Gestapo gegenüber der NSF verstärken.

Man verbrachte mich ins Polizeigefängnis, zwischen Weihnachten und Neujahr wurde ich zum erstenmal vernommen. Es wurde mir vorgeworfen, den von der Exil-SPD in Prag herausgegebenen »Neuen Vorwärts« erhalten und weiterverbreitet zu haben. Das Weiterverbreitung wurde von mir bestritten, den Erhalt konnte ich nicht leugnen. Auch Bach und Kraus gelang es, andere Kollegen aus der Sache herauszuhalten. Noch 15 andere Genossen, die nicht in der NSF arbeiteten, waren in die Gestapo-Aktion verwickelt. Zur Verbreitung des »Neuen Vorwärts«, die im Nazi-Deutschland den Tatbestand der Vorbereitung zum Hochverrat erfüllte, kam ein weiteres Delikt, die Bildung einer illegalen Tarnorganisation. Ludwig Bach und andere Genossen hatten mit ehemaligen Mitgliedern der SAJ einen Wanderverein, die »Albfreunde« gegründet. Über zwei Jahre lang trafen sie sich jede Woche einmal in der Gaststätte »Zum groben Wanderschuh«.

Schon kurz nach meiner Verhaftung versuchte der NSF-Oberingenieur Paul Metz – heute ein bekannter Industrieller – meine Entlassung aus der Polizeihaft zu erreichen. Er sprach zweimal bei der Gestapo vor, erreichte aber zunächst nichts. Inzwischen wurde ich mit fünf anderen Genossen in das gefürchtete alte Fürther Gefängnis verbracht, wo wir froren und miserabel verpflegt wurden. Die sanitären Verhältnisse waren ekelerregend. Nachdem der Untersuchungsrichter keinen Haftbefehl gegen uns erlassen mochte, wurden wir in Schutzhaft genommen und in das KZ Dachau geschickt. In der 5. Korporalschaft der 5. Kompanie warteten wir auf unseren Prozeß.

Der Arbeitsfeldwebel hatte mich dem Kiesgrubenkommando zugeteilt. Ein alter Hase, mein Schulkamerad Neunsinger aus der Denisstraße, als Kommunist mit allen Lagerchargen wohlbekannt, erspähte mich. Er nahm mir meine Siebenmarkfünfzig-Barschaft ab und übernahm so quasi die Patenschaft. In seiner Anwesenheit wurde mir in der Kleiderkammer aus Beständen der Landespolizei eine abgetragene, aber noch gute Uniform verpaßt, ich bekam einen warmen Mantel und passende Schuhe. Das war viel wert. In der Kiesgrube wollte mich Neunsinger auch nicht sehen: »Du stellst dich morgen früh ganz einfach beim Kommando der Kommandanturschlosserei an. Sind nur so 15 Mann, der Kapo schielt und hat eine Le-

155

dermütze auf.« Ich hatte Angst, erwischt zu werden, tat es aber doch und machte fortan aus einer demontierten Lokomotive Schießfiguren für die SS. Aber auch Hand- und Fußschellen für die Kameraden. Es bedrückte mich. »Kurzschliessen« von Hände und Füßen auf dem Rücken gehörte zu den qualvollsten Folterungen.

Eines Abends klappte beim Zählappell irgendetwas nicht. Wir mußten mit kahlgeschorenem Kopf, ohne Bedeckung, stundenlang in Stillgestanden-Haltung im Schneeregen ausharren. Die Schädeldecke schmerzte furchtbar. Häufig wurde nachts Appell gepfiffen. Eine Demonstration der Macht der einen und der Ohnmacht der anderen. Kam einer beim Essenfassen auf dem glattgefrorenen Weg zu Fall, wurde der ganzen Korporalschaft wegen »Disziplinlosigkeit« an diesem Tag das Essen entzogen. So wurden die Gefangenen untereinander in Konfliktsituationen getrieben. Bei solchen Gelegenheiten brachen dann auch die Gegensätze zwischen Kriminellen und Politischen auf.

Am Karfreitag 1936 schleppten SS-Wachen einen jungen Juden, der schwer an Gelenkrheumatismus litt, vor unsere Lagerbaracke. Dort befand sich eine kleine abgemauerte Grube mit einem Wasserhydranten. Mit den Worten: »Saujud, jetzt feiern wir Karfreitag«, wurde der Junge nackt in die Grube gezerrt und der Hydrant voll aufgedreht, dabei bedrohten sie ihn mit ihren Pistolen. Seine Schreie waren furchtbar. Schließlich brach er ohnmächtig zusammen.

Anfang April händigte man uns im Dachauer Amtsgericht die Anklageschrift aus. Ein Braunschweiger Oberstaatsanwalt, der vor 1933 den späteren Nazi-Minister Klagges angeklagt hatte, war Schutzhäftling in der 4. Kompanie. Er sah die Sache so: »Der Anklage zufolge könnte zweimal die Todesstrafe drin sein. Aber das mußt du nicht so ernst nehmen, der 81 und 86 stehen heute in jeder Anklageschrift. Die Gefahr des Hinüberbefördertwerdens geht eher von hier aus. Und auch da solltest du nicht an den nächsten Tag denken, sondern an jedem Morgen sagen, es ist gut, der gestrige Tag ist geschafft. Nur wer abgeschlossen hat, kann jeden neuen Tag als Geschenk empfinden.«

Im Mai 1936 fand die Verhandlung vor dem Obersten Landesgericht in München statt. An einen Polizisten gefesselt wurden wir vorgeführt. Die Männer auf der Richterbank waren durchwegs älter, der mittlere trug einen weißen Bart. Das flößte mir irgendwie Vertrauen ein. Sie sahen anders aus als die unberechenbaren SS-Rekruten vom gefürchteten 3. Sturm in Dachau.

Ich war 27, die meisten Angeklagten waren jünger als ich und neben der Vorwärts-Geschichte auch noch wegen der Wandergruppe angeklagt. Nach der Anklageerhebung konnte dies schlimm ausgehen. Sie antworteten leise und zögernd, wirkten so gar nicht wie Weltrevolutionäre.

Bei meiner Vernehmung stellte sich die Frage, hatte ich den »Vorwärts« weiterverteilt oder nicht. Ich sagte nein, der Staatsanwalt bot Indizien an. Da wagte ich die Flucht nach vorn: Ich bat den Präsidenten, den Zeugen Gruß von der Gestapo zu befragen, ob er bei den Vernehmungen den Eindruck hatte, daß ich die Wahrheit sagte. Der Zeuge druckste herum, der Präsident stieß nach und wollte es genau wissen. Da kam es heraus: »Eigentlich schon.« Ich war durch. Der Staatsanwalt stellte die Anklage wegen Vorbereitung zum Hochverrat gegen mich ein und erhob Anklage wegen Nichtanzeige.

Mein NSF-Kollege Ludwig Bach sollte ins Zuchthaus. In meinem Schlußwort sagte ich, was die Richter nicht wissen konnten: Daß der 22jährige Bach der einzige Ernährer der Familie war, sein Vater, ein Holzbildhauer, war seit acht Jahren arbeitslos. Ludwig Bach war Kurzarbeiter und verdiente im Monat nicht mehr als 68 Mark, und dies schon seit Jahren, auch im Dritten Reich hatte sich daran nichts geändert. Mit einem Stück Brot im Beutel war er mit seinen Freunden am Sonntag hinausgewandert. Um dieses bißchen Lebensfreude ging es den »Albfreunden«. Man hörte mir eine gute Viertelstunde zu. Ludwig Bach bekam drei Jahre Gefängnis. (Aber das Endurteil sprach die Gestapo: Bewährungs-Kompanie 999, Einsatz in Tunis, Bauchschuß und Einschuß im Rücken, am 9. April gestorben.)

Es gab eine Zuchthausstrafe, im übrigen Strafen zwischen einem Jahr und drei Monaten bis zu drei Jahren. Otto Kraus erhielt neun Monate, die ebenso wie meine drei Monate unter die Amnestie fielen. Mein Polizist freute sich, daß ich heimgehen konnte. Kopfschüttelnd sah er, wie wir an der Saaltüre von zwei spöttisch lächelnden SS-Leuten in Empfang genommen wurden. Wieder Schutzhaft, wieder KZ. Am 27. Mai waren wir zum zweitenmal in Dachau.

Eines Tages wurde über den Lagerlautsprecher meine Nummer aufgerufen, und ich mußte zum Tor. Das konnte bedeuten, daß man in ein anderes Lager verlegt wurde, daß die Gestapo eine Vernehmung vor hatte – das konnte alles bedeuten, nur keine Entlassung. Dazu paßte der Zeitpunkt nicht. Mir war auf jeden Fall flau im Magen.

Ich wurde in ein Zimmer der Kommandantur geführt und war sprachlos, als mir Oberingenieur Paul Metz gegenüberstand. Er begrüßte mich kurz und etwas steif, öffnete eine Aktentasche und zog von mir gefertigte Konstruktionsskizzen heraus. Dann begann er ein Gespräch über Meßbrücken für Drehkondensatoren, die er zusammen mit mir entwickelt hatte. Er sprach von Ausschußquoten und anderen Schwierigkeiten. Beinahe hätte ich gesagt, daß ich mit dem Zeug schon längst nichts mehr zu tun hätte, kapierte dann aber doch, um was es ging. So fachsimpelten wir dem anwesenden SS-Mann eine Zeitlang etwas vor, bis dieser dem Gespräch ein Ende setzte. Beim Weggehen hatte ich eine leise Hoffnung auf baldige Entlassung. Nach zwei Monaten war es so weit.

Gestapo-Chef Ohler eröffnete mir, daß ich nur probeweise entlassen sei, beim geringsten Anlaß würde es zurück ins Lager gehen. In der NSF durfte ich in meinem früheren Bereich nicht mehr arbeiten, jeder Kontakt mit den Kollegen war verboten, außerdem mußte ich einen anderen Fabrikeingang benutzen. Jeden zweiten Tag mußte ich mich bei der Polizei melden und durfte die Stadt nicht ohne Genehmigung verlassen. Ich landete im Entwicklungslaboratorium – bei Paul Metz. Ausgerechnet dort! Nun wußte ich, daß Ohler ein dummer Mensch war und die NSF-Geschäftsleitung recht clever.

Nach etwa einem Jahr war ich wieder in meinem früheren Bereich tätig. Inzwischen wurde die NSF auch an Rüstungsaufträgen beteiligt, was zu häufigen Begegnungen mit dem

Verbindungsingenieur Herbert Jäger von Telefunken, Berlin, führte.

Der technische Direktor der NSF gab mir einmal den Auftrag, nach Berlin zu fahren, um technische Dinge bei Telefunken abzuklären. Ich gab zu bedenken, daß ich die Stadt nur mit Genehmigung verlassen dürfte. Er bedeutete mir, daß dies geregelt sei, und Herbert Jäger bot mir seine Berliner Wohnung zum Übernachten an. So hielt ich es dann immer, wenn ich in Berlin war. Jäger wußte, daß ich schon im KZ war, ich dagegen wußte von ihm nichts, bis er einmal die erste Buchreihe aus dem Schrank nahm. Dahinter standen sie nun: Marx, Lenin, August Bebel. Er war Kommunist. Ich war nicht sehr überrascht, wir vereinbarten aber, auf jeden Fall sehr vorsichtig zu sein. Unsere Freundschaft vertiefte sich, und ich besuchte ihn auch oft in seiner Wendelsteiner Unterkunft, wenn er in Nürnberg war.

Beinahe hätte es uns doch erwischt. Es ging um eine Reklamation bei Rüstungsgut, das wir für Telefunken fertigten. Im Reichsluftfahrtministerium wurde eine Sitzung anberaumt, an der auch Jäger und ich teilnehmen sollten. Wie immer übernachtete ich auch diesmal bei Jäger und ging von dort ins Ministerium. Er verließ schon vor mir das Haus, weil er noch in seinem Büro nachsehen wollte. Zum angesagten Termin im Ministerium war er nicht da, an seiner Stelle erschien ein breitschultriger Mann, den ich nicht kannte. Der sagte: »Herr Jäger kann nicht kommen.« Ich befürchtete, in Schwierigkeiten zu kommen und drängte auf Jägers Anwesenheit. Der Telefunken-Mann beruhigte mich, es werde schon gutgehen. So war es auch. Ich erfuhr erst später, daß es sich um Direktor Schnitzeler von Telefunken handelte.

Bei meiner Rückkunft berichtete ich unserem technischen Direktor Schweiger über das Berliner Ergebnis und erwähnte, daß Herbert Jäger merkwürdigerweise an der Besprechung nicht teilgenommen hatte, obwohl ich kurz vorher mit ihm beisammen war. Direktor Schweiger: »Ich weiß, er wurde verhaftet, ist aber schon wieder frei.« Von Jäger selbst erfuhr ich später, daß unmittelbar nach meinem Weggang eine Hausdurchsuchung vorgenommen und auch seine Frau verhaftet wurde. Ein Glück, daß ich ihm schon lange vorher geraten hatte, die verbotenen Bücher verschwinden zu lassen, und ein Glück, daß ich als ehemaliger KZ-Häftling nicht mehr in der Wohnung war.

Otto Kraus, der 1935 zusammen mit mir aus dem Betrieb heraus verhaftet worden war, arbeitete nach zwei Jahren KZ-Haft wieder in der NSF und wurde uk-gestellt. Ein Bruder der ehemaligen SPD-Landtagsabgeordneten Lina Ammon – ein Bäkker, der nirgends unterkam – erschien auf unserer Lohnliste als Betriebsschlosser. Ein Kommunist, den Streicher eigenhändig aus der Feuerwehr hinausgeworfen hatte, weil er im Ersten Weltkrieg auf einem Meutererschiff fuhr, konnte in der NSF nach langer Arbeitslosigkeit Schichtführer in der Spritzgießerei werden. Ein Ingenieur, der aus politischen Gründen bei Siemens entlassen wurde, überlebte bei uns den Krieg als Elektromechaniker. Nicht nur im Werkstättenbereich, wo ich meinen eigenen Einfluß geltend machen konnte, durften die Kollegen aus der Arbeiterbewegung vor der Einberufung zum Militärdienst sicher sein. Auch in den technischen Büros begegnete man keinem Nazi. Der Hitlergegner Dr. Bitter wurde von der Front zurückgeholt, neben ihm arbeitete der Chemiker Spieß, ein Kommunist. Ein halbjüdischer Gewerbelehrer, der seine Stelle verloren hatte, wurde eingestellt. Noch im Frühjahr 1944 gelang es der Geschäftsleitung, einen ehemaligen Professor des Ohm-Polytechnikums für fingierte »kriegswichtige« Arbeiten aus dem Gefängnis freizubekommen. Er hatte Feindsender abgehört und war von Studenten denunziert worden.

Kaufmännisches Direktionsmitglied war Dr. Eugen Sasse, dessen Stiefsohn Christof Probst zusammen mit den Geschwistern Scholl hingerichtet wurde. Im November 1944 erklärte mir Dr. Hinsel, daß mit Ausnahme der Amtswalter und einiger formeller NS-Aushängeschilder der Geschäftsleitung keine wehrfähigen Nationalsozialisten mehr im Betrieb seien. Sicher hat sich der praktizierende Katholik Dr. Hinsel bei seinen riskanten Entscheidungen und Handlungen weniger am SPD-Exilparteivorstand orientiert als am Bischof von Galen. Der NSF-Widerstand war nicht geplant und nicht straff organisiert. Im Gegensatz zu anderen Betrieben hat die Firmenleitung nicht nur das Einschleusen von Nazi-Aktivisten in den Betrieb verhindert, sie schützte die Nazi-Gegner vor Verfolgung so gut es ging und bot bedrängten Sozialdemokraten, Kommunisten und hitlerfeindlichen Christen Arbeitsplätze. Dies konnte nur das Werk einzelner in eigener Verantwortung sein.

Als eines Nachts das Glas eines Hitlerbildes eingeschlagen wurde, gab es freilich Aufregung und eine Untersuchung durch Betriebsleitung und Amtswalter. Sie haben sich pflichtgemäß empört, mußten aber nicht unbedingt den Täter feststellen. Hätte man aber die Gestapo geholt, wäre auf jeden Fall ein »Volksschädling« gefunden worden. An der Stelle des Geschehens waren gefangene russische Frauen beschäftigt, für sie hätte es wahrscheinlich den Tod bedeutet. Natürlich wußten die Kollegen, daß es nur die Kantinenwirtin gewesen sein konnte, aber keiner sprach den Namen aus. Provokatorische Aktionen dieser Art waren glücklicherweise nicht so häufig, daß das Ganze in Gefahr geriet.

Die sozialdemokratische Taktik, Fünfer-Widerstandsgruppen zu bilden, hat dort Anwendung gefunden, wo die Genossen auch von den Betriebsleitungen unter Druck gesetzt wurden. Das Zusammenwirken der Widerständler aus verschiedenen politischen Lagern oder gesellschaftlichen Gruppen konnte sich in dieser Form nicht entwickeln. »Normen« gab es nicht. Voraussetzung für den Widerstand war absolutes Vertrauen, gleichgültig, ob es sich um die eigenen Genossen handelte oder andere. Gruppen konnte man nicht »bilden«, sie mußten sich finden. Wo dies nicht beachtet wurde, ging es in der Regel schief, manchmal mit verheerenden Folgen.

Was mich anbelangt, bedurfte es keines Anstoßes des Exil-Parteivorstandes, mit Kommunisten zusammenzuarbeiten, das traf auch für die anderen Genossen zu. In Prag hatte man offensichtlich noch nicht begriffen, was hier wirklich vor sich ging. Jeder von uns war auf sich selbst gestellt. »Mutmachen« von draußen war keine Hilfe.

Ich hatte es nicht vergessen: Am 5. März 1933, dem Tag der letzten freien Reichstagswahl, machte ich in der Kohlenhofstraße Wahldienst. Um 13 Uhr stellten die Nazis ein großes weißes Plakat vor das Wahllokal: »Otto Braun, der ehemalige rote Ministerpräsident von Preußen, hat um 11.14 Uhr mit umfangreichem Gepäck die deutsche Grenze in Richtung Schweiz überschritten.«

Ich will nicht sagen, daß ich mich im Stich gelassen fühlte, ich wußte, daß Spitzenfunktionäre fliehen mußten. Aber ich fühlte mich alleingelassen, verdammt allein. Was bedeutet es in dieser Lage schon, ob der Nebenmann Kommunist oder Christ war, ihnen ging es nicht besser als uns. Jeder suchte sich am andern anzuklammern, wenn er bloß nicht diese verdammten braunen Stiefel trug.

Der Wortschwall der »Prager Manifestes« war illusorisch. Es gab weder bei uns noch auf der kommunistischen Seite einen Apparat, der, gemessen an der Größe der Aufgabe, auch nur einigermaßen aktionsfähig und wirkungsvoll gewesen wäre. Für die Gestapo wäre es freilich von Vorteil gewesen, wenn sie immer zwei Fliegen mit einer Klappe hätte schlagen können.

Trotz der Prager Illusion, die sich für die Sozialdemokraten strafverschärfend auswirkte, nahmen die Genossen die Risiken des illegalen Kampfes auf sich. Man mußte sich melden, zeigen, daß man da ist, wenn man auch die Nazis damit nicht aus dem Sattel heben konnte. Wir haben den »Vorwärts« nach Instruktion an vertrauenswürdige Genossen verteilt, konnten aber nicht ausschließen, daß er in falsche Hände gelangte. Dies konnten sogar Gutgläubige sein, die es an der nötigen Vorsicht fehlen ließen. Deponierte Flugblätter im Kleiderspind einer Schreinerwerkstatt lösten die große Verhaftungswelle der Nürnberger Sozialdemokraten aus. Diese Risiken mußten wir wagen, sonst hätte man den »Vorwärts« gar nicht zu drucken brauchen.

Meine berufliche Tätigkeit führte mich in große Fabriken anderer Städte. Es war auffällig, daß nach der Schlacht von Stalingrad die Gespräche offener geführt wurden. Die Geschäftsleitungen wußten, der Krieg war verloren, und man sagte es auch. Was jetzt noch kommen konnte, war die völlige Zerschlagung der Produktionsstätten, der Verkehrswege und

Energiequellen. Das war ihnen bewußt. Man regte sich nicht mehr auf, wenn die Materialzufuhr stockte. Die Techniker wußten, daß die »Wunderwaffe« reiner Bluff war. Der Traum vom Großdeutschen Reich, von der Ansiedlung in den Ostgebieten und dem großen Geschäft war zerstoben.

Nicht wenige aus den Chefetagen dürften auf das Hitler-Attentat am 20. Juli 1944 ihre Hoffnung gesetzt haben. So sehr es notwendig gewesen wäre, den Krieg so schnell wie möglich zu beenden, um dem sinnlosen Sterben ein Ende zu bereiten, Hitlers Tod hätte neue Probleme geschaffen. Im Geschichtsbewußtsein der Deutschen wäre die Legende vom verhinderten Endsieg noch weniger auszurotten als die »Novemberverbrecher-Lüge« von 1918.

An noch etwas sollten wir denken: Gördeler und die Adeligen wollten einen Ständestaat schaffen. Die Industriellen und die Großgrundbesitzer hätten damit leben können, wir nicht. Die parlamentarische Demokratie ist für uns Sozialdemokraten unverzichtbar.

Kurz vor Kriegsende trat für uns in der NSF noch eine kritische Situation ein. Das Elektrowerk wurde am 22. Februar 1945 bei einem Fliegerangriff total zerstört, es gab 82 Tote. Absolut zuverlässigen Kollegen stellten wir trotzdem Bescheinigungen aus, daß sie wegen »kriegswichtigen Einsatzes« an den Übungen des Volkssturms nicht teilnehmen könnten. Geschrieben mit der einzigen Schreibmaschine, die noch vorhanden war, und abgestempelt mit dem letzten NSF-Stempel. Ich unterschrieb. In der NSF war für uns nichts mehr kriegswichtig, wichtig war, daß die Kollegen beim Volkssturm nicht noch im letzten Augenblick in Hitlers Krieg verheizt wurden. Es war unser letzter Schlag gegen das Deutschland der Nazis.

Unmittelbar nach dem Einmarsch der Amerikaner lud ich ehemalige Betriebsräte und Vertrauensmänner der Gewerkschaften aus der Zeit vor 1933 in den Speisesaal der NSF im Werk 1 ein. Ziel war, so bald wie möglich die Gewerkschaften wieder zu gründen. Am ersten Tag waren es 40 Teilnehmer, in der nächsten Woche 120, und dann hatten wir ständig unter Überfüllung zu leiden. Nachdem aber Ansammlungen von mehr als drei Personen durch die Militärgesetze verboten waren, kam es zur Festnahme einiger Kollegen. Am späten Abend dieses Tages hatte ich den Labour-Offizier der Militärregierung aber soweit, daß er von unseren Versammlungen »nichts wußte«. Kurze Zeit danach standen die Gewerkschaften.

1946 wurde ich zum Landessekretär der SPD nach München berufen. Dort hatte ich mit der Militärregierung über die Wiederzulassung der SPD auf Landesebene zu verhandeln. Von 1946 bis 1958 gehörte ich dem Bayerischen Landtag an, gleichzeitig versah ich bis 1949 das Amt des Fraktionssekretärs. Anschließend wechselte ich als Redakteur an unsere Parteizeitung in Nürnberg.

Derzeit bin ich Beauftragter des SPD-Berzirks Franken für Seniorenfragen und für die Arbeitsgemeinschaft verfolgter Sozialdemokraten. Ich arbeite an einer umfangreichen Dokumentation über den Widerstand und die Verfolgung der Sozialdemokraten in Nürnberg.

Mary Fried

Mein Mann ist ein Zuchthäusler

Frauen im Widerstand – nicht erst seit Sophie Scholl von der »Weißen Rose« ist bekannt, daß auch Frauen ihren Anteil am Widerstand gegen das Nazi-Regime geleistet haben. Wenn sie auch zumeist nicht an so herausragender Stelle wie die Männer der Arbeiterbewegung standen, so haben sie doch Erstaunliches, ja Bewundernswertes geleistet. Frauen waren maßgeblich daran beteiligt, verfolgte Antifaschisten zu verstecken oder in Sicherheit zu bringen. Sie haben Informationen gesammelt, gefährliche Kurierdienste übernommen, Flugblätter verteilt. Und sie mußten, ebenso wie ihre Genossen, wenn sie in die Hände der Gestapo fielen, mit der Freiheit oder gar mit ihrem Leben bezahlen.

Nicht vergessen sollte man auch die Frauen aus der »2. Reihe«. Die als Ehefrauen oder Freundinnen den Widerstand ihrer Männer tolerierten und oft genug unterstützten. Viele Männer aus dem Widerstand haben versichert: »Ohne meine Frau hätte ich das alles nicht überstanden!« Die Frauen trugen, falls der Mann verhaftet und eingekerkert wurde, die Last, die Familie zu ernähren, die Kinder zu erziehen, und nicht zuletzt, ihre Männer moralisch zu unterstützen. Und wieviele Frauen wurden im Zuge der »Sippenhaft« selbst eingesperrt! Was es hieß, die Frau eines inhaftierten Politischen, also eines »Zuchthäuslers« zu sein, das schildert Mary Fried. Ihr Mann war führend in einer Münchner Widerstandsgruppe und landete nach deren Auffliegen erst im Zuchthaus und dann im KZ.

Mein Vater war ein geborener Münchner, sein Vater und sein Urgroßvater waren Schwabinger, das Haus ist noch auf einer alten Karte drauf. Der Erzählung nach soll irgendeiner der Großväter oder Urgroßväter Bürgermeister von Schwabing gewesen sein. Damals gehörte Schwabing noch nicht zu München. Meine Mutter war aus der Gegend von Wasserburg. Sie war das jüngste von 18 Kindern. Auf dem Land war das nicht so schlimm. Außerdem hat man Kinder damals zur Arbeit gebraucht. Das war ja zum großen Teil der Grund, warum es so viele Kinder gab. Aufklärung gab es damals ja nicht. Der liebe Gott hat die Kinder geschickt.

Eine Schwester von meinem Vater, eine Krankenschwester, die war streng katholisch. Wenn ein Kind gestorben ist, oder man hat sich darüber unterhalten, daß das so ein Kummer ist für die Eltern, da hat die immer gesagt: »Der Herrgott braucht kleine Engel«. Wenn man sich das vorstellt, das war die geistige Haltung zur damaligen Zeit! Da muß man sich schon wundern, wenn dann so Arbeiter, die eigentlich aus dem Nichts gekommen sind, die haben ja keine Bildung mitgebracht, so aktiv in der Gewerkschaftsbewegung oder Partei mitgemacht haben. Eine seelische Bildung ja, die hatten sie wohl, aber keine Literatur, es wurde nur wenig gelesen. Dazu hatte man keine Zeit, weil man hart arbeiten mußte. Da hat es ja noch keinen Achtstundentag gegeben. Da sind die Männer die ganze Woche in der Arbeit gewesen bis abends. Meinen Vater haben wir oft wochenlang nicht gesehen, er war Metallarbeiter und im Winter, wenn es früh dunkel wurde, dann sind die Kinder früh ins Bett gekommen.

Ich bin Jahrgang 1906. Wir waren sieben Kinder zu Hause. Ich hatte eine schöne Kindheit. Wir haben viel gesungen. So, daß oft die Leute draußen auf der Straße stehen geblieben sind. Wir haben die Lieder aus der Jugendbewegung gesungen, wir hatten alle schöne Stimmen.

Die ersten zwei Jahre war ich an der St.-Anna-Schule, dann mußten wir zwei oder dreimal umziehen mit der Schule, weil die umverlagert und dann als Lazarett genutzt wurde. Das war ja während des Ersten Weltkriegs. Ich weiß noch, wie die Weißgardisten mal zu uns in eine Schule gestürmt sind, das war für uns Kinder furchtbar.

Dann bin ich im Herzogpark zur Schule gegangen. Damals war die Schule noch außerhalb der Stadt. Da hat es noch Bauern in der Nähe gegeben. Die hatten noch Vieh. Jetzt ist das alles schon so umgebaut, daß ich's gar nicht mehr erkenne.

Die Schulzeit im Herzogpark ist für mich noch sehr lebendig. Da hat Thomas Mann gewohnt, der Bruno Walter und alle, die haben da draußen gewohnt, die haben wir alle gekannt. Mein Vater war im Lassallia-Gesangverein, da hat er uns immer gezeigt, das ist der und das ist der. Die meisten Arbeiterkinder hatten ja von sowas keine Ahnung. Also, man hat da schon als Schulkind etwas mitbekommen. Ich merkte das erst später. Das war die Grundlage für das spätere Leben.

In unserer Schule waren ein paar sogenannte Herrschaftskinder, also Kinder aus reichem Elternhaus. Ich sehe sie noch, mit rötlichem Haar und etwas blaßgesichtig, Intelligenzkinder; auf uns haben die einen furchtbaren Eindruck gemacht. Die haben auch nicht mit uns gespielt. Nicht weil sie nicht wollten, sondern weil wir sie nicht aufgenommen haben. Die waren für uns tabu, die haben wir nicht anerkannt. Kinder sind da grausam. Die sind dann ab der vierten oder fünften Klasse in die höhere Töchterschule gegangen.

Wir wurden zu Haus freireligiös erzogen. Ich weiß noch, wie wir kurz nach dem Krieg in der Schule angemeldet wurden, daß wir Kinder keinen Religionsunterricht besuchen wollen. Der Religionslehrer hat uns, wie wir später aus der Schule entlassen worden sind, gesagt: »Gell, ihr geht aber später schon wieder in die Kirche!« Die Lehrer haben uns alle mögen, weil wir sehr aufgeweckte Kinder waren, die viel mitgemacht hatten und so von Haus aus viele Schwierigkeiten hatten. Wir sieben waren überall bekannt, wir waren richtig eine Gruppe für sich.

Ich bin acht Jahre in die Volksschule gegangen und habe dann eine Lehre als Fotografin gemacht. Das war damals nicht ganz einfach. Damals hat man ja noch Lehrgeld zahlen müssen. Und die Kinder haben halt, bis sie ausgelernt hatten, keinen Verdienst gehabt. Aber meine Eltern haben uns alle eine Lehre machen lassen. Das fanden sie wichtig.

Ich habe dann 23 Jahre als Fotografin gearbeitet. Damals ist viel fotografiert worden. Es war sehr interessant. Ich hatte immer gesagt, ich möcht solange im Beruf bleiben, bis die Farbfotografie kommt. Aber da bin ich dann nicht mehr dazugekommen. Das hat sich noch lange hingezogen.

1922 etwa kam mein Vater eines Sonntags aus einer SPD-Versammlung heim und sagte zu uns Geschwistern: »Da gibt es eine Gruppe von jungen Leuten, die machen Volkstanz und sowas. Geht's da mal hin.« Das war dann eine Gruppe von der Gewerkschaftsjugend. Wir haben nicht nur Volkstänze und Volkslieder gelernt, sondern auch Wanderungen und Zeltlager gemacht. Aber nicht nur so gemütlich wie der »Wandervogel«, sondern mit politischem Hintergrund. Über diese Gruppe bin ich dann zu den »Kinderfreunden« gekommen.

Da waren zum großen Teil Freidenker dabei, Leute aus der freien Turnerschaft und aus der Gewerkschaftsjugend. Damals war das nicht so abgezirkelt wie heute. Bei uns in der Gruppe waren zum Beispiel Anarchisten, Kommunisten und Sozialdemokraten. Man hat sich nicht aneinander gestoßen. Man kannte sich. Wir waren überhaupt frei. Bei den Kinderfreunden, da haben wir große Zeltlager gemacht. Wir hatten Koedukation, also Mädchen und Jungen in einer gemeinsamen Gruppe. Das war für die Bürgerlichen das Allerschlimmste, das war schon revolutionär.

Ich war Helfer bei den Kinderfreunden, wir haben mit den Kindern, fast alles Arbeiterkinder, Ausflüge gemacht oder zum Beispiel auch Lesenachmittage. Kinderbücher sind ja damals kaum gelesen worden, mit Ausnahme vom »Struwelpeter« und der war ja alles andere als links. Wir Helfer haben Vorträge gehört. Wir hatten sehr intelligente und belesene Leute, viele Lehrer, die uns ihr Wissen weitergegeben haben.

Wir hatten einen wunderbaren Kontakt zu unseren Kindern,

dabei waren wir ja auch nicht älter als 17, 18. Aber ich erinnere mich, später, als unsere Buben in den Krieg gekommen sind, dann war ihr erster Weg, wenn sie Urlaub hatten, zu uns. Die haben oft gesagt, unsere schönste Zeit, die wir hatten, die hatten wir bei euch.

Wir waren für sie Vertrauenspersonen, wenn sie einen Kummer hatten, dann sind sie zu uns gekommen. Wir waren Helfer, keine Funktionäre. Wir waren keine Autoritätspersonen, im Gegenteil, wir haben oft heftig diskutiert mit den Jugendlichen. Das ist das Recht der Jugend, daß sie protestiert, sonst können sie keine richtigen Erwachsenen werden.

1928 sind mein Mann und ich, damals waren wir aber noch nicht verheiratet, gemeinsam in die SPD ein- und aus der Kirche ausgetreten. Also amtlich. Dann sind wir bei den Freidenkern gewesen. Da sind Vorträge gehalten worden, historische und wissenschaftliche. Der Oskar Maria Graf, zum Beispiel, der ist bei uns aus und ein gegangen. Damals haben wir viel gelernt.

Schon in der Jugendbewegung waren wir politisch aktiv gewesen. Wir haben darüber hinaus nicht geraucht und nicht getrunken, das war unser Prinzip. Ich weiß noch, wir haben damals große Auseinandersetzungen mit den Brauereiarbeitern gehabt, weil wir für das Alkoholverbot waren. Derjenige ist bei uns verpönt gewesen, der geraucht oder getrunken hat. Aber das waren Reformbewegungen, die dann wieder eingeschlafen sind.

Von den Nazis habe ich das erste Mal was mitbekommen, das war 1923 beim Putsch. Ich war damals ein Lehrmädel, da bin ich in die Ortskrankenkasse gegangen und habe eine Rechnung kassieren müssen. Auf meinem Weg bin ich am Gewerkschaftshaus vorbeigekommen in der Pestalozzistraße. Ich war damals schon in der Jugendbewegung, und es hat mich interessiert, was da los ist, wir hatten schon gehört, daß da irgendwas laufen würde. Ich kam gerade dazu, wie die Nazis die ersten Gewerkschafter rausgeführt haben. Die haben die Leute an die Wand gestellt. Sie haben ihnen gedroht, sie zu erschießen, haben es aber dann doch nicht getan.

Damals gab es doch die große Arbeitslosigkeit, da war natür-

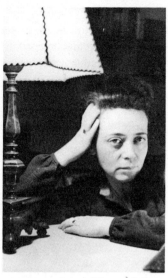

Die Eltern legten Wert auf eine gute Ausbildung: Mary durfte Fotografin lernen.

Die schlimmsten Erinnerungen überwunden: Mary und Hans Fried in den sechziger Jahren.

Auf einen neuen Anfang: Die Ehepaare Fried und Knoeringen stoßen auf die Zukunft an

lich der Nationalsozialismus was, wo viele hingelaufen sind. Und je radikaler sie zuvor schon waren, desto eher sind sie dem unterlegen. Bei den Nazis ist viel Radau gemacht worden, da hat man es sich einmal leisten können, den anderen zu unterdrücken.

1933 war es dann so weit. Da wurde das Gewerkschaftshaus wieder besetzt, aber diesmal wurden die Leute wirklich verhaftet und ein großer Teil nach Dachau gebracht.

Ich weiß noch, wir hatten gesagt, wir müssen rechtzeitig die Karteien von der Jugendbewegung verschwinden lassen. Aber da waren andere, die haben gesagt, ihr seid ja Feiglinge. Ihr räumt alles weg und tut so, als ob das weiß Gott wie lange dauert, in 14 Tagen ist doch der ganze Spuk vorbei. Bis Weihnachten, da lacht man drüber. Dann ist es halt ganz anders gekommen.

Mein Mann war gelernter Schreiner, war dann allerdings arbeitslos. Dann ist er mit Genossen mit den Rädern in der Bayerischen Wald gefahren und hat Zeitungen und Flugblätter von der tschechischen Grenze rübergeholt und hat sie dann verteilt. Sie hatten auch eine Verbindung über die Großmarkthalle nach Regensburg, und darüber sind sie später aufgeflogen.

Das kam alles, weil man so unvorbereitet war, wir waren ja so loyale Bürger. Wir waren nicht vorbereitet auf den Widerstand. Ich habe damals immer Angst gehabt, ich kam aus der Angst gar nicht raus. Es war sogar so, daß man schon erschrocken ist, wenn in der Früh die Klingel gegangen ist, man wußte, die Gestapo ist immer in der Früh gekommen.

Mein Mann war in der Gruppe mit dem Linsenmeier und dem Schober. Ich habe nichts dagegen gesagt, daß mein Mann da mitmacht. Weil ich selbst der Meinung war, daß etwas getan werden muß. Ich war zwar selbst nicht aktiv in der Gruppe, aber ich habe immer gewußt, jetzt fahren sie wieder da oder da hin. Mein Mann hat eigentlich nie diese Angst gehabt. Er hat immer gesagt, das Schlimmste für ihn sei, daß er nicht wisse, wie es den Genossen draußen in Dachau geht. Wir haben gewußt, was da draußen los ist im Lager. Aber man konnte doch niemandem helfen.

1934, da war mein Mann noch da, da hatten wir die erste Hausdurchsuchung. Da hatten wir schon Bücher zu einer Tante gebracht, wo wir uns gedacht haben, da sind sie sicher, die wohnte am Rande der Stadt, ist eine ältere Frau gewesen, da kam kein Mensch hin. Dabei hat die den Mund nicht gehalten und wollte sich damit wichtig machen und am nächsten Tag sind die ganzen Bücher dort abgeholt worden. Und dann sind sie halt auch zu uns gekommen und haben unsere restlichen Bücher noch einkassiert. Die haben wahllos eingepackt. Den ganzen Jack London zum Beispiel, der doch gar nicht politisch ist. Die hatten irgendeinen Namen gehört, und damit war es getan. Wenig später haben sie meinen Mann auch geholt – auf einige Jahre. Zusammen mit den Linsenmeier Sepp und dem Schober Sepp ist er verurteilt worden und hat Zuchthaus bekommen.

Damals zu sagen, mein Mann ist ein Zuchthäusler, das war furchtbar. Das kann man sich heute gar nicht mehr vorstellen. Man war zerstört, man hatte keinen Anschluß mehr. Die Leute haben sich zurückgezogen. Keiner wollte mehr mit einem zu tun haben. Wenn sie heute sagen, sie haben nicht gewußt, was in Dachau ist, dann ist es gelogen. Damals haben sie es schon gewußt. Die sind einfach weggegangen, wenn sie einen auf der Straße gesehen haben. In den Geschäften, wo ich eingekauft habe, da hat die Gestapo auszukundschaften versucht, ob ich noch irgendwelche Verbindungen habe.

Ich kann mich noch erinnern, der Lotte Branz ging es damals ähnlich. Wir kennen uns ja seit 50 Jahren. Zu der Zeit haben wir uns nur, wenn wir uns auf der Straße begegnet sind, flüchtig zugenickt. Es war einfach zu gefährlich, Kontakt zu haben. Meine ganze Familie ist auch verhaftet worden, mein Vater, meine Brüder. Mein jüngster Bruder, das war noch ein Schulbub, der war 13 oder 14 Jahre alt, den haben sie auch mitgenommen. Den haben sie ins Gefängnis nach Stadelheim gebracht. Und die Aufseher dort haben gar nicht gewußt, was sie mit ihm machen sollen. Den haben sie dann bald entlassen. Was sollten sie denn mit dem Kind? Meine großen Brüder und den Vater haben sie länger behalten. Einer von ihnen hat einen Prozeß gekriegt, der war mit einer Falkengruppe hochgegangen. Ein Bruder, der war sieben Jahre zur See gefahren. Zwei Tage war er wieder zurück in München, da haben sie ihn ebenfalls verhaftet, weil er Kontakt ins Ausland gehabt hätte. Da haben sie die nächste Haussuchung bei uns gemacht. Mein Bruder hatte bei uns gewohnt, ordnungsgemäß angemeldet. Meine Schwiegermutter war so aufgeregt und nervös. Da hat der eine Gestapomann zu ihr gesagt: »Wo ist denn Ihr Sohn?« Sie hat gesagt: »Was fragen Sie denn? Sie wissen doch genau, wo er ist. Aber es wird noch mal wieder eine andere Zeit kommen!« Da wurde der ganz komisch: »Wie haben Sie denn das gemeint?« Ich stand daneben und habe versucht zu retten, was zu retten ist. Ich habe klarzumachen versucht, daß sie nur meint, daß er halt irgendwann wieder rauskommt, daß er dann wieder bei ihr ist. Dann hat er sich beruhigen lassen. Mein Gott, durch solche Sätze sind Leute ja ins KZ gekommen.

Schlimm war auch das Denunzieren. Das war besonders schwer für Familien mit Kindern, die haben ja in der Schule ganz was anderes gehört als zu Hause. Und Kinder sind ja hellhörig, die merken genau was los ist. Die wissen auch, daß das Radio eingeschaltet war zu der und der Zeit. Da sind schlimme Sachen passiert.

Als mein Mann nach Dachau kam, hat er mir einen erschütternden Brief geschrieben, daß er jetzt auch diesen Weg noch gehen muß nach dem Zuchthaus . . .

Wie habe ich gefühlt damals? Während mein Mann weg war, war ich zu sehr beschäftigt, selbst fertig zu werden. Erst als mein Mann wieder da war, dann kam der Haß. Wie wir wieder zusammen waren, wie wir wieder haben drüber reden können. Wir haben die ganze Bande weiß Gott wohin gewünscht. Aber selbst solche Wunden heilen mit der Zeit, auch wenn die Erinnerung bleibt.

Mein Mann hat sich dann, als er wieder daheim war, jeden Tag polizeilich melden müssen. Er hat wieder als Schreiner gearbeitet. Und seine Firma hat Aufträge vom Führerhauptquartier von Berchtesgaden bekommen. Mein Mann hat dann auf dem Obersalzberg arbeiten müssen, immer unter Bewachung.

1939 ist er noch einmal für kurze Zeit verhaftet worden und

1941, obwohl er eigentlich wehrunwürdig war, auf den Heuberg eingezogen worden, zur Bewährungskomanie 999. Die ersten von da oben sind nach Afrika gekommen, da war mein Bruder dabei. Mein Mann kam nach Jugoslawien und Griechenland.

Während er in Griechenland war, bekam er achtmal Malaria. Er hat immer nach Patras müssen, ins Krankenhaus. Da haben sie ihn einigermaßen wieder auf die Füße gebracht, aber von Auskurieren konnte keine Rede sein.

Ein einziges Mal ist er aus dem Krieg in Urlaub gekommen. Das war so um Weihnachten 1944, weil wir ausgebombt worden waren. Wir waren draußen auf dem Land evakuiert in Otterfing, die Zustände waren katastrophal, man mußte stundenlang durch den Schnee laufen und mit völlig überfüllten Zügen fahren. Mein Mann war krank, er hatte einen so furchtbaren Hexenschuß, daß er kaum noch aufrecht laufen konnte.

Alle sagten: »Versteck ihn doch irgendwo, es geht doch zu Ende.« Aber er hat immer gesagt: »Das mache ich nicht, wenn sie mich dann erwischen, dann ist es aus!« Ich habe ihn dann im Januar 1945 zum Zug gebracht, und er ist wieder runtergefahren. Der Zug ist dann unterwegs ein paar Mal bombardiert worden, ist aber durchgekommen. Das hört sich an wie ein Räuberroman. Das kann man sich fast nicht vorstellen. Das ist auch zu viel. Man kann gar nicht alles erzählen!

Auf dem Rückmarsch ist er dann in Kriegsgefangenschaft gekommen. Er kam in die Antifa-Gruppe, in ein Lager für Antifaschisten. Dort hat er dann die Poststelle übernommen.

Ich habe ein Jahr lang warten müssen, bis ich eine Nachricht bekommen habe, daß er noch lebt. Eines Tages ist dann solch eine Rot-Kreuz-Karte gekommen, der Schütze Fried ist in Jugoslawien da und da in Gefangenschaft.

Das hat noch lange gedauert, bis wir selbst wieder Kontakt bekommen haben.

Dann habe ich ihm geschrieben nach Belgrad, daß ich glücklich bin, daß ich eine Wohnung gefunden habe. Das war eine elende Rennerei gewesen. Wir kamen nach Harlaching raus. Dort war eine Siedlung von Nazis gewesen, da haben die Familien von Antifaschisten nach dem Krieg Wohnungen bekommen.

Mein Mann ist erst 1947 zurückgekehrt. Dann ist er gleich noch einmal nach Dachau gekommen, weil er von den Amerikanern noch einmal entlassen werden mußte.

Mein Mann hat sich anschließend umschulen lassen als Berufsberater. Die haben schon auf solche Leute gewartet, die unbelastet waren und mit der Jugend haben umgehen können. Er war in der SPD aktiv. Er war dann zwölf oder 16 Jahre im Stadtrat, noch unter Thomas Wimmer.

Ich war eine Zeitlang Vorsitzende der Sozialdemokratischen Frauen in München – und der Frauen-Gilde. Manchmal, vor großen Parteiveranstaltungen, da haben mein Mann und ich uns nur noch am Wochenende getroffen, aber wir waren noch jung und man hatte doch das Schwerste hinter sich. Man dachte, das muß doch was werden! Dann, als mein Mann pensioniert worden ist, haben wir auch mit der Politik Schluß gemacht. Wir haben gedacht, den Jungen muß auch eine Möglichkeit gegeben werden. Und so hatten wir auch wenigstens noch ein paar Jahre für uns.

Eugen Nerdinger
Pfingstkonferenz mit »Michel«

Neben den Millionen Toten, die der Naziterror durch Mißhand-
lungen und Morde von SA und SS, durch Massenvernichtung
und Kriegswahnsinn gefordert hat, darf man die nicht verges-
sen, die durch »ordentliche« Nazirichter, vor Militär- und Zi-
vilgerichten, zum Tode verurteilt worden sind. In den Jahren
von 1933 bis 1945 wurden in Deutschland 27 560 Hinrichtun-
gen angeordnet und durchgeführt.

Wegen Hochverrats zum Tode verurteilt und enthauptet wurden
auch zehn Mitglieder der Gruppe »Revolutionäre Sozialisten«,
die im süddeutschen und österreichischen Raum operierte. In
Augsburg war die Gruppe der RS 1933 von Bebo Wager und
Eugen Nerdinger gegründet worden. Die Mitglieder der
Gruppe verstanden sich als Widerständler und Revolutionäre.
Ihr Ziel war es, den Sturz Hitlers zu beschleunigen, den Rechts-
staat wiederherzustellen und eine soziale und demokratische
Ordnung aufzubauen. Die Gruppe, die enge Verflechtungen
nach München und nach Tirol hinein hatte, war neun Jahre
lang aktiv. Als sie 1942 durch einen Spitzel aufflog, waren die
Urteile der Nazis erbarmungslos: Zehn Mitglieder wurden hin-
gerichtet. Allein gegen die Augsburger Gruppe wurden 37 Jahre
Zuchthaus und zehn Jahre Gefängnis verhängt. Acht der Ver-
urteilten kamen aus ungeklärten Ursachen in Haftanstalten oder
Lagern um. Unter den Überlebenden ist Eugen Nerdinger, der
von Anfang an dabei war. Er lebt heute als Maler, Bildhauer
und Schriftsteller in Augsburg.

Ich bin 1910 in Augsburg geboren. Meine Eltern stammten aus kleinbäuerlichen Verhältnissen und waren vor der Jahrhundertwende im Zuge der industriellen Revolution nach Augsburg gekommen. Meine ersten Erinnerungen hängen mit dem Ersten Weltkrieg und den Jahren vor seinem Ausbruch zusammen. Ich sah meinen Vater ausrücken, sah das jubelnde Volk, die blumenbekränzten Gewehre und schaute mit kindlichem Unverständnis auf dieses Tun. Später sollte ich bald merken, was es hieß, im Krieg zu leben. Wir hatten sehr wenig zu essen. 1915/16 gab es eine Hungersnot. Ich erinnere mich, daß mein Vater einmal auf Urlaub kam – er war in den Vogesen eingesetzt – und brachte Lebensmittel, darunter eine Wurst mit. Ich weiß auch noch, wie uns unsere Mutter noch in der Nacht aufgeweckt und ein Stückchen Wurst gegeben hat.

Die meisten damaligen Arbeiterhäuser bei St. Ulrich im Süden der Stadt waren Slumhäuser, hatten häufig keinen Keller und waren bis zum ersten Stock hinauf feucht. Das Wasser mußte vom Hof heraufgeholt werden, der Lokus war nur eine Fallgrube und auch im Hof. An den Wänden glitzerte im Winter in den Zimmern das Eis. Nur ein Raum, meistens die Küche, konnte schlecht und recht beheizt werden. Einer meiner Brüder starb kurz nach seiner Geburt 1915 an den Folgen dieser Verhältnisse.

1918/19 habe ich erlebt, wie die geschlagene Armee und ihre Soldaten heimkamen. Ich habe erlebt, wie die Arbeiter- und Soldatenräte gegründet wurden. Mein Vater war damals beim Soldatenrat mit dabei, und ich bin als Bub öfters über die steinerne Mauer geklettert, die die heutige Eserwallstraße vom »Stockhauskeller« trennte. Dort tagte der Soldatenrat, und ich habe häufig den Reden – ohne sie zu verstehen – gelauscht, und auf die Tumulte neugierig geschaut, die in diesem Lokal stattfanden.

Ostern 1919, als die sogenannte »weiße Garde« auf ihrem

Wege nach München auch die Räterepublik in Augsburg niederwarf, und hier wie dort ihre Herrschaft aufrichtete, ging ich mit meinem Vater – er war organisierter Arbeiter und SPDler schon seit den ersten Jahren des Jahrhunderts – in die Stadt. Bei diesem Stadtrundgang habe ich einen für mein ganzes Leben entscheidenden Eindruck erhalten. Vor dem Stadttheater war das damalige Hotel »Deutsches Haus«; ich sah erregt auf die für mich erste Tat menschlichen Vernichtungswillens: Der ganze Hotelerker war durch Kanoneneinschläge aufgerissen, die Wände in den Stockwerken waren sichtbar mit Wohngerät, Betten usw. Und ich sah die Kanonen, die von den Anlagen der Maria-Theresia-Schule aus gegen die Stadt, gegen das Rathaus gerichtet waren. Plötzlich bemerkte ich an einem Gulli an der Volkhartstraße, in nächster Nähe des Stadttheatereingangs eine braune Blutlache. Ich fragte meinen Vater, was da geschehen sei, und er sagte: »Da werden's halt einen von uns erledigt haben!« Und ich habe mich dann in einer instinktiven Bewegung zum Gulli niedergebeugt und meine Handfläche auf die Blutkrusten gepreßt. Noch heute fühle ich die Empfindung, die ich dabei hatte, und meine, daß dieses Erlebnis von entscheidender Bedeutung, Anlaß meiner lebenslangen Parteinahme für die Armen und Unterdrückten gewesen ist. Rückschauend war dieses Ereignis entscheidend für meine spätere Bereitschaft, einzutreten für eine bessere Idee und dafür in den Widerstand zu gehen, und wie der unbekannte Tote ebenfalls mein Leben dafür zu wagen.

1923 trat ich am ersten Mai in die Sozialistische Arbeiterjugend (SAJ) ein. Mein Vater war damals Beauftragter der SPD-Sektion Firnhaberau für den Aufbau der SAJ-Gruppe. Kurz vorher war die Wiedervereinigung der Mehrheitssozialdemokraten mit den Resten der Unabhängigen Sozialdemokratischen Partei (USP) gewesen, und nun geschah auf der Ebene der Jugendbewegung die Verbindung der SPD-Arbeiterjugend (AJ) mit der USP-Proletarischen Jugend; sie nahmen fortan den Namen Sozialistische Arbeiterjugend (SAJ) an. Ich habe in der SAJ Heimat gefunden – sie war mir mehr als Familie in den folgenden Jahren. Die SAJ war Teil jener sozialistischen Gegenwelt, welche die Arbeiterbewegung gegen die sie umgebende bürgerliche Welt aufrichtete. Mehr als die Partei machte sie schon damals den Versuch, einen sozialistischen Lebensstil zu entwickeln und vorzuleben. In der Kleidung, in der Freizeitgestaltung und in den kulturellen Bedürfnissen. Wir hatten starke Bildungsinteressen, geistige Bedürfnisse, die zu stillen uns die uns umgebende Welt verwehrte. Darum hatten wir ein System der Schulung entwickkelt. Wir haben Vorträge von Genossen gehört, die meist Lehrer waren; wir haben die Bindung an die Traditionen der Arbeiterbewegung und ihre Geschichte gesucht, Sprach- und andere Kurse an der Volkshochschule belegt und uns um Verständnis für Kunst und Kultur bemüht.

Ich erinnere mich an einen späteren Stadtrat, Hauptlehrer Schropp, der uns in sehr geschickter Didaktik in den Bereich der Musik und der anderen Künste eingeführt hat. Dr. Luitpold Stern-Wien, ein Arbeiterlehrer, ging als Wanderlehrer durch Deutschland und hielt Seminare in Volkshäusern ab; ich habe seine Lehren ebenfalls kennengelernt. Das Wichtigste war aber doch die Literatur. Und wenn es wahr ist, daß das erste Kapitel von »Deutschland, ein Wintermärchen« den wichtigsten Teil der Gedanken von Karl Marx beinhaltet, so habe ich mich schon sehr früh mit marxistischen Gedankengängen beschäftigt. Ein anderer Bildungsplan war »Krebs, der Kleine«; das war eine Auswahl von Reclam-Bändchen, die wir mit unseren kargen Mitteln gerade noch beschaffen konnten. Bildung, die lückenhaft und mühselig erworben wurde. Die »Gegenwelt« der Arbeiterbewegung – Partei, Gewerkschaften, Arbeitersport, Arbeitersängerbund, Arbeitersamariter, Jugendbewegungen aus allen diesen Verbänden und viele andere Einrichtungen – bot die Grundlagen dafür. Die SAJ z. B. veranstaltete Sprechchöre, Filmvorführungen und Kabarettabende. Ich selbst bin im Kabarett »Die Roten Funker« schon frühzeitig aufgetreten. Eine Zeitlang haben wir auch eine Zeitung »Wir« herausgegeben, die ich redigierte und für die ich schrieb. Ich darf sagen: Die von der Arbeiterbewegung ausgehenden eigenen Kulturimpulse waren prägend für mein ganzes Leben.

Seit dem Jahre 1928 habe ich – noch vor Beendigung meiner

Schriftsetzerlehre – in der Parteipresse als Filmberichterstatter und Jugendarbeitsberichter, ab 1930 als politischer Reporter gearbeitet. Das wurde notwendig, weil seit der September-wahl 1930, in der die Nazis zur zweitstärksten Partei wurden, unsere ihnen bekannten Redakteure sich nicht mehr auf Nazi-kundgebungen und -versammlungen wagen durften. Sie wur-den mit Prügel und Totschlag bedroht: »Die Schmierfinken der Dreckschleuder vom Rosenauberg« – dort war unser Re-daktions- und Druckereigebäude – »mögen doch den traurigen Mut aufbringen, an den Pressetisch zu kommen.« Das hieß aber, sich der SA auszuliefern, die den Pressetisch belagerte. Sie hätte sofort mit Schlägereien begonnen. Ich war dagegen ein Unbekannter; unscheinbar in meiner ausgewaschenen Windjacke, bin ich in die Massenveranstaltungen der Nazis im Herrlesaalbau und in der »Sängerhalle« gegangen und habe darüber Berichte für die »Schwäbische Volkszeitung« ge-schrieben, z. B. über die Fememörder Schulz und Heines, über Goebbels, Gregor Strasser, den späteren bayerischen Mi-nisterpräsidenten Siebert – OB von Lindau – und natürlich auch über Adolf Hitler.

Ich bin mit 18 Jahren, 1928, in die SPD eingetreten, ich war vorher in der SAJ Unterbezirksleiter von Schwaben-Nord. 1929 machte ich den Wiener »Internationalen Jugendtag« mit. Der proletarische Heroismus und die Völker-Jugendverbun-denheit, die Faszination, die von ihm ausging, bewegten mich tief.

In der SAJ habe ich Bebo Wager kennengelernt, mit dem mich die tiefste und entscheidende Freundschaft meines Lebens verband. In endlosen Gesprächen mit ihm, dem fünf Jahre Älteren, reiften meine ethischen und politischen Vorstellun-gen.

Als 1931 die »Eiserne Front« gegründet wurde, haben wir auch in der SAJ Augsburg »Zehnerschaften« gebildet. 1932 wußten wir, daß es mit der Republik zu Ende gehen wird und waren bereit, uns dagegen mit allen Mitteln zu wehren . . .

Wir haben damals fest an die Losungen der Partei geglaubt, wie die: »Kein Rad wird rollen, wenn Hitler losschlägt.« Wir glaubten, daß die Partei den Generalstreik im Falle eines

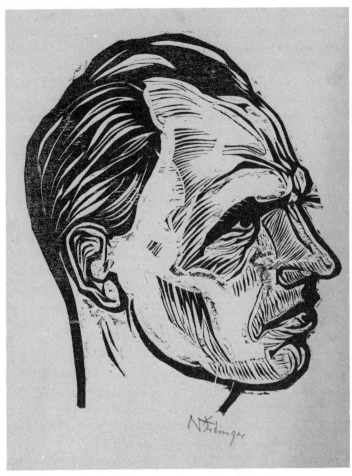

Bebo Wager, der Kopf der »Augsburger Revolutionären Sozialisten« (Holzschnitt von Eugen Nerdinger).

Staatsstreichs oder eines Machtübernahmeversuchs ausrufen würde. Noch erkannten wir nicht voll im Juli 1932, was gespielt wurde, als Papen die Preußenregierung absetzte und sich zum Reichskommissar machte. Im Januar 1933 war es dann soweit: Noch Ende Dezember sprach uns der jüngste Reichstagsabgeordnete Josef Felder als Vorsitzender der Partei Mut und Glauben zu. Wir waren gläubig, waren grimmig entschlossen, zu kämpfen. Kurt Schumacher versicherte uns noch am 2. Februar 1933 im Herrlesaalbau: Wir werden uns wehren, wir werden nicht ruhmlos untergehen!

Und dann sind wir ruhmlos untergegangen. Die Parteispitze war feige, sie unterlag Falscheinschätzungen, lebte in Illusionen, fürchtete die zunehmende Militanz der Basis, und war nicht willens, außerparlamentarische Aktionen zu dulden oder mitzumachen. Die Kluft zwischen dem verselbständigten Funktionärs- und Mandatsträger-Körper und der Basis war unüberbrückbar geworden. Plötzlich erkannten wir, daß der Befehl zum Losschlagen nie kommen würde.

Durch die Familien, durch die Klassen, durch die gesamte Bevölkerung lief ein Polarisationsriß. Es konnte sein, daß in einer vierköpfigen Familie von den Söhnen einer Nazi war und der andere Kommunist, während Vater und Mutter katholisch (BVP) orientiert waren. Diese Polarisierung war es, die die Familien, die das ganze Volk auseinanderriß und eine Atmosphäre des Mißtrauens erzeugte. So beobachtete z. B. ein ehemaliger Spielkamerad von mir, wie ich im März 1933 eine der SAJ gehörende Schreibmaschine aus meiner Wohnung in die eines Freundes trug, um sie dort zu verstecken. Zwei Stunden später tauchte die SA auf und holte die Maschine.

Aber auch viele Arbeiter und Arbeitslose haben an Hitler geglaubt. Ich erinnere mich noch ganz deutlich einer Beobachtung, die ich 1930 in der Stadtjägerstraße gemacht habe. Da stand ein Straßenkehrer – die verhängnisvolle Septemberwahl war gerade vorbei – mit zwei Arbeitslosen und sagte triumphierend zu ihnen: »Jetzt sind wir die Zweitstärksten, bald werden wir die Stärksten sein; dann werden wir den Sozialismus bringen!« Und die beiden anderen haben zustimmend genickt.

Nach der Märzwahl 1933 konnte man kaum noch jemandem vertrauen. Traf man zufällig einen Genossen auf der Straße, so mußte man sich fragen, darfst du dem noch trauen? Die Masse der Parteimitglieder begann auseinanderzulaufen – die »Märzveilchen« blühten und manch einer hatte zwei Parteibücher in der Tasche.

In dieser Situation stellte sich uns die Frage nach dem organisierten Widerstand. Die Geschichte unserer Widerstandsgruppe, ihre Aktivitäten und Gedankengänge ist schwer darzustellen: Sie ist sehr komplex und vielschichtig, so daß sich ein »Nachgeborener« nur schwer ein Bild von ihr machen, geschweige denn sie nachvollziehen kann. Ich habe über diese Geschichte zwei Bücher geschrieben, und dennoch fällt es mir schwer, sie in Kürze darzustellen. Am besten beginne ich wohl, meinen eigenen Anteil an ihr zu schildern. Voraus die Feststellung, daß es unserer Widerstandsgruppe wichtigstes Verdienst war, daß sie Leitbilder aufgestellt hat und die Kontinuität der SPD während der Verfolgungszeit nicht abreißen ließ. Sie wurde im Frühsommer 1933 durch Bebo Wager und mich gegründet. Mein Aufgabenkreis bis 1937 war: Aufbau der Organisation, Entwicklung einer organisatorischen und konspirativen Methode der illegalen Zusammenarbeit sowie redaktionelle Formulierung und Zusammenfassung der zu sammelnden Informationen. Die Resultate dieser Arbeit und ihre Prinzipien sind in einem mehr als 20seitigen Bericht niedergelegt, der als Kleinfilm fotografiert, ins Ausland zu Waldemar von Knoeringen (WvK) ging. Er wurde vom Parteivorstand (PV) SOPADE, von der illegalen Organisation »Miles« (»Neubeginnen«), der illegalen Organisation »Revolutionäre Sozialisten« Südbayern und Österreich und dem sächsischen Oppositionsflügel der SOPADE in Karlsbad diskutiert. Der Bericht stellte – so WvK – einen wichtigen Beitrag zum Aufbau der gesamten deutschen illegalen Organisationen dar. Nach diesem Plan erfolgte der Aufbau in Augsburg mit über das Stadtgebiet verstreut wohnenden, sorgfältig ausgewählten Mitgliedern. Dabei war neben Zuverlässigkeit, Mut und Treue wichtig, daß sie in verschiedenen Industriewerken arbeiteten oder in der Stadtverwaltung beschäftigt waren.

In der Zeit meiner journalistischen Tätigkeit hatte ich das Informationsbedürfnis und die Manipulierbarkeit der Massen kennen gelernt. Ich habe erkannt: Wer informationslos oder einseitig informiert ist, muß glauben, was ihm gesagt wird. Wer aber objektive Informationen hat, kann erkennen, worum es geht. Es schien mir damals notwendig, einen möglichst umfassenden Informantengürtel in Augsburg zu schaffen; das war mir wichtiger als agitatorisch tätig zu sein und die unter großen Risiken aus dem Ausland hereingeholten 50 oder 100 Zeitungen, Klebezettel und Broschüren allgemein bekanntzumachen, eine Taktik, womit die Parteiführung in Prag noch bis 1934 glaubte, einen Wandel herbeiführen zu können.

Die aus der Zusammenarbeit mit den Mitgliedern gewonnenen Teilberichte und Informationsinhalte wurden mosaikhaft zusammengesetzt, verbunden, die notwendigen Schlußfolgerungen daraus gezogen, und gingen dann periodisch unter besonderen Vorsichtmaßregeln über die Grenze in die Hände der Auslandsleitung. Verschiedene dieser Berichte sind in der »Sozialistischen Aktion«, dem »Neuen Vorwärts« und den Deutschlandberichten der SOPADE erschienen.

Die Entwicklung wirksamer Methoden zur Beförderung dieser Berichte, der Ausbau und die Sicherung der Verbindungslinien, der Einsatz von Kurieren und Deckadressen sowie die Schaffung von Anlaufstellen, waren hauptsächlich mein Arbeitsgebiet. Im Frühjahr 1934 stellten Wager und ich – die wir bis dahin nur in Verbindung mit der Münchener Gruppe Fried/Schober/Linsenmeier gestanden hatten, über Hans Fried eine direkte Auslandsverbindung zu WvK in Neuern (CSR) her. WvK hatte den Decknamen »Michel«, auch »Walter Kerber«, und war der Grenzsekretär der SOPADE für Südbayern und Österreich. An Pfingsten 1934 trafen wir nach abenteuerlichen Vorgängen in Neuern ein und konferierten mit ihm. An der Konferenz nahm der Grenzsekretär für Franken, Dill, später noch der Auslandsleiter von »Neubeginnen« Dr. Karl Frank teil. Nach der Aufdeckung der Münchener Gruppe Fried/Schober/Linsenmeier 1934 versuchte ich über das Walsertal weitere Verbindungen in das Ausland (Schweiz) anzubahnen. Auf einer dieser Kurierfahrten wurde in Kempten ein Genosse der SAJ – Josef Fähnle – für die illegale Arbeit gewonnen. Auch in Neu-Ulm und Günzburg waren die Genossen Eugen Imhof, Hugo Roller und Karl Kaiser bereit, sich uns anzuschließen, unseren Informantengürtel zu verbreitern und uns regelmäßig Informationen zukommen zu lassen. Die Verbindung zu ihnen riß 1937 ab.

Im Herbst 1934 schlug mir WvK vor, in die Organisationsleitung der »Revolutionären Sozialisten« einzutreten. Ich wurde unter dem Decknamen »Hans Karsten« in die Gesamt-Organisationleitung aufgenommen. Als deren Beauftragter fuhr ich am 8. Dezember 1934 nach Prag zum PV (SOPADE) und gab den Genossen Vogel und Hertz Berichte und Beschlüsse der illegalen »Neubeginnen«-Gruppen im Reich bekannt. Anschließend fuhr ich nach Karlsbad zum oppositionellen Flügel der SOPADE (Sachsen) und führte dort Unterhandlungen mit dem sächsischen Grenzsekretär Lange. Bei diesen war auch Karl Böchel, Vertreter der »Alten Linken« im PV, dabei.

Der intensive Gedankenaustausch mit ihm und daran anschließend mit WvK in Neuern gab mir in dieser Zeit einen inneren Halt.

Nach Augsburg zurückgekehrt, führten Wager und ich im Laufe des Jahres 1935 die auf der Pfingstkonferenz 1934 in Neuern beschlossene Reorganisation der Augsburger Widerstandsgruppe durch. Diese hatte eine Abkehr von der bisher geübten Technik der organisatorischen Breitenarbeit, die der PV in Prag favorisierte, zum Ziel. Anstelle dessen wurde die Konzeption von »Neubeginnen« – Informationsarbeit in einzelnen, voneinander unabhängigen Gruppen (Kadern) – zu übernehmen. Die Gruppe nannte sich nunmehr RSA (Revolutionäre Sozialisten Augsburg). Nach einer durch die Reorganisation mit ihren Folgen notwendig gewordenen Sicherheitspause stellten Bebo und ich im Laufe der Jahre 1935/36, die über die Kuriere Koch und Sailer vorbereitete Begegnung mit Hermann Frieb, München, her. Bis 1937 dauerte es, bis die vorsichtig gespannten Fäden zur Zusammenarbeit geknüpft, und die schwierigen geistigen Auseinandersetzungen über Weg und Methode der »RS« abgeschlossen waren.

Unter der eindeutigen geistigen Führung des Kaders München – genauer Hermann Friebs – wurde nunmehr ein Kurs aktiver Vorbereitung zum Sturze Hitlers gewählt. 1938 billigte WvK die von Bebo und Frieb bereits praktizierte Zusammenarbeit mit den österreichischen Gruppen. Damit wurde eine wichtige Regel der illegalen Arbeit aufgegeben.

Ich ging 1938 nach eingehender Besprechung mit Wager und Frieb in die »Reserve«, »Reserve« bedeutet kein Aufgeben der Verbindung zum Kader der RSA, vielmehr ein Zurücktreten ins zweite Glied, bedeutet, sich in geeigneter Weise zu schulen und bereitzustehen für Aufgaben nach dem von uns immer erhofften Sturz Hitlers. Ich besuchte von 1937 bis Frühjahr 1938 die Städtische Kunstschule Augsburg und von Sommer 1938 bis 1940 die Akademie für Angewandte Kunst in München.

Nicht ohne bedachte Überlegung wählte ich den Bereich »Gebrauchsgrafik und Werbung«. Während dieser Zeit wurde ich von meinem engsten Freund Bebo Wager ständig über alle Beschlüsse und Überlegungen informiert. Für seine notwendigen illegalen Reisen nach Salzburg, Kufstein, Wörgl usw. habe ich ihm öfters Geld gegeben, damit er sie durchführen konnte. Ich habe nach jeder dieser Zusammenkünfte mit Bebo gesprochen und bin von ihm über das Wesentlichste informiert worden. Ein Gegensatz zwischen Frieb, Bebo und mir bestand in dieser Zeit lediglich in der Auffassung über die Methodik des illegalen Kampfes. Frieb und Bebos Konzeption war, wie Hermann später in seinem »Rollkommando« darlegte, auf die Vorbereitung des bewaffneten Aufstandes gerichtet. Bei solchen Gesprächen mit Bebo und Frieb vertrat ich dagegen die Ansicht, daß dieser Plan unseren Möglichkeiten nicht entsprach und uns gefährdete. Ich glaubte weder an die Möglichkeit noch an die Wirksamkeit eines bewaffneten Aufstandes und sah in einer kriegerischen Verwicklung des Regimes die einzige Möglichkeit, sich seiner zu entledigen. Für den Fall eines Krieges hatte ich die Meinung, daß dessen Verlauf von eigenen Gesetzen bestimmt würde, und daß die Aufgabe der Illegalen in einer beobachtenden, geistig sich auf das Kriegsende vorbereitenden Position bestehen sollte. Diese gegenteiligen Auffassungen wurden von Bebo und Hermann respektiert. Die Frieb-Wagersche Anlage von Waffenlagern und Sprengstoffherstellung kamen nie über ein vorbereitendes Stadium hinaus, ihre Sabotagepläne blieben in den Anfängen stecken.

Im wesentlichen sahen auch Frieb und Wager zu dieser Zeit die Aufgabe der Illegalen in der Aufrechterhaltung der Verbindung zur gegenseitigen Information innerhalb der verschiedenen süddeutschen und österreichischen Kader. Vom Jahre 1937 an fanden zwischen mir und Frieb mindestens halbjährige Zusammenkünfte und Aussprachen, meistens bei Bebo statt. Zu Bebo Wager kam ich in Abständen von zwei bis sechs Wochen. Treffen, bei denen aktuelle illegale Informationen ausgetauscht wurden. Es war eine feste Absprache zwischen Bebo und mir, daß nach Beendigung meiner Ausbildungszeit die illegale Arbeit zwischen uns beiden wieder festere Formen annehmen sollte. Als ich im Sommer 1940 die Akademie für Angewandte Kunst in München verließ, um ein Atelier in der Volkhartstraße zu eröffnen, wurde unsere Verbindung intensiver. Schon lange vor meiner Studienzeit in München war meine anfängliche menschliche Zurückhaltung zu Frieb einer herzlichen Freundschaft gewichen.

Im Herbst 1940 wurde Frieb meiner Sekretärin Marianne Kluge, die natürlich keine Kenntnis von unserer konspirativen Tätigkeit hatte, als Steuerberater vorgestellt und sie gleichzeitig gebeten, ihn gegebenenfalls – sollte ich abwesend sein – in meine Wohnung, Brückenstraße 25, zu bringen. Im Atelier und in der Wohnung fanden dann verschiedene Treffen statt. Themen dieser Treffen waren, z. B. Überlegungen, die seit Hitlers Einmarsch in die Tschechoslowakei abgerissene Verbindung zu WvK über die Schweiz wiederherzustellen, Berichte des Genossen Wismann, der als Soldat im Obersten Heereskommando war, und die Möglichkeit von deren Weiterbeförderung an WvK, Beobachtung der die »Heimatfront sichernden« Nazibonzen, ihre Bunker, ihre Ausweichquartiere, sowie die Forderung Wagers, eine Liste ihrer Fahrzeugnummern aufzustellen. Bei solchen Gelegenheiten gab auch ich Bericht über die durch meine Tätigkeit beim Ahnenerbe-

Stiftungsverlag gemachten Beobachtungen, u. a. Einzelheiten der 1941 erfolgten Auspowerung Hollands, ferner über die wirtschaftliche Sicherung verschiedener Nazigrößen, über die Anlage ihrer Kapitalien in leicht transportierbaren Werten. So erfuhr ich über Verlagerungspläne der Ministerien in Berlin – trotz der Blitzsiege, die viele ehemalige Genossen endgültig von der Partei abgebracht hatten.

Schon 1938 versuchte Bebo Wager, sich Waffen zu beschaffen, wozu ihm vor allem Frieb behilflich war. Er vermittelte ihm Karabiner, Gewehre, Handfeuerwaffen und Munition. Bebo zeigte mir einiges und besprach mit mir die Möglichkeit einer gesicherten Einlagerung.

Auch im Landhaus Friebs in Fischen am Ammersee wurde ein Waffenlager angelegt. Schon vorher wurde ein Plan für gewaltsame Aktionen aufgestellt. Der Aufstandsplan, »Rollkommando« genannt, sah folgendes vor: 1. Bildung von bewaffneten Kampfgruppen, 2. Vorbereitung von Sabotageakten größeren Ausmaßes in Rüstungsbetrieben, 3. genaue Anweisungen für die Kampfgruppen im Augenblick des Aufstandsbeginns. Das »Rollkommando« wurde bei der Verhaftung Wagers von der Gestapo gefunden und als Beweismittel in der Volksgerichtsverhandlung in Innsbruck gegen ihn verwendet, wie Bebo in einem Kassiber vom 22. Mai 1943 an seine Frau mitteilte.

Im Herbst 1941 wurden Frieb und ich eingezogen. Frieb kam als Funker an die Kanalküste. Als nur »garnisonsverwendungsfähig Heimat« tauglich, kam ich ins Wehrkreiskommando Augsburg. Zuvor war schon geplant, für den Fall einer allgemeinen Einziehung, für Bebo einen Ersatzmann zu finden. Er fand ihn in der Person des Genossen Sauler, der wie er in der MAN beschäftigt war. Bebo wünschte, daß wir uns persönlich kennenlernen sollten. Sauler, Bebo und ich trafen uns zu diesem Zweck an einem Sonntagvormittag zu einer Radtour durch die westlichen Dörfer vor Augsburg. Vor meiner Sekretärin und vor Kunden galt Bebo bei seinen Besuchen im Atelier Volkhartstraße als Schüler im Schreib- und Holzschnittunterricht. Auch der Genosse Karl Eichleiter kam öfters zum »Schriftschreiben« ins Atelier. Wager und Frieb waren über meine Verlagstätigkeit beim Ahnenerbe-Stiftungs-verlag genau im Bilde und sahen darin eine sehr gute Tarnung unserer gegenseitigen Beziehungen.

Mit den anderen Genossen des Kaders schränkte ich die Verbindung etwas ein. Der Grund war, daß eine organisatorische Aufgabe nicht mehr vorlag. Die Informationen, die sie an Bebo gaben, erfuhr ich in knapper Form durch ihn selbst. Trotzdem riß die Verbindung zu ihnen nicht ganz ab, und es fanden Zusammenkünfte und Wohnungsbesuche statt: im Landheim Eckerts in Zahling, bei Fahrten in die Lechauen, an einen Ort, der von uns »Einsamkeit« genannt wurde, und in meiner Wohnung. Als Wismann einmal im Urlaub war, besuchte er mich, und wir hörten gemeinsam Auslandssender ab, ein andermal war auch Beischlag dabei. Wir besprachen meine Berufsarbeit und betrachteten meine buchkünstlerischen Arbeiten. Das heißt also, daß die Illegalen von 1933 bis zu ihrer Verhaftung 1942 dauernd untereinander in Verbindung blieben und ihren Widerstand gegen Hitler in gemeinsamen Gesprächen und Plänen fortsetzten.

Über Frau Frieb, die Mutter Hermanns, wurde uns der Plan Friebs mitgeteilt, auf einem Englandflug mit dem Fallschirm abzuspringen, um in Kontakt zu WvK, der in England war, zu kommen. Bebo suchte um diese Zeit auch Verbindung mit Kriegsgefangenen, die in der MAN eingesetzt waren. Mit dem Beginn des Rußlandfeldzuges und der deutschen Rückschläge glaubten Bebo und die österreichischen Gruppen, verstärkt durch die Meinung Friebs, in einer »vorrevolutionären Situation« zu sein, vergleichbar etwa der Situation im Jahre 1917. Beim Versuch zur Vorbereitung aktiver Handlungen wurde die RS-Gesamtorganisation von Salzburg aus, über einen dort von der Gestapo eingeschleusten Spitzel, aufgerollt. Auch die RSA wurde aufgedeckt, da die von Bebo 1941 gewonnenen MAN-Arbeiter illegal ungeschult waren und leicht von der Gestapo enttarnt werden konnten.

Es wurden mit Frieb und Wager noch Hunderte, darunter auch ich, im Frühjahr 1942 verhaftet und den berüchtigten Gestapoverhören unterworfen. In den Jahren 1943 und 1944 wurde eine größere Zahl der Verhafteten wegen Vorbereitung zum Hochverrat angeklagt. Auch ich war unter den Angeschuldigten. Die Verfahren wurden voneinander abgetrennt und je nach der Schwere der Anklage vor den Volksgerichtshof, das Oberlandesgericht München und andere Gerichte gestellt. Bebo gelang es, die Mitwirkung einiger Kadermitglieder aus den illegalen Aktivitäten der letzten Jahre vor der Aufrollung zu verbergen, zu verharmlosen oder abzuleugnen. Er verfolgte wie Frieb und ich die Taktik, nur zuzugeben, was uns einwandfrei bewiesen werden konnte. Ich war nie bereit, freiwillig etwas auszusagen oder zuzugeben. Gestapokommissar Mahler von der Gestapo-Leitstelle München sagte während meiner Verhandlung vor dem 1. Strafsenat des Oberlandesgerichts München im Mai 1944: »Wagers Bestreben war merkwürdigerweise darauf gerichtet, vor allem Nerdinger aus der Sache herauszuhalten und ihn nach Möglichkeit zu entlasten.« Dem entspricht auch die Mitteilung Bebos in einem Kassiber kurz vor seiner Hinrichtung: »Gruß den anderen und unseren treu gebliebenen Freunden. Zu den Verhandlungen sollen sie sich auf meine Aussagen einstellen, dann wird's schon gut, passiert nicht viel.« Wager und Frieb wurden im Mai 1943 in Innsbruck vor den 6. Senat des Volksgerichtshofs gestellt und zum Tode verurteilt. Die mit vor dieses Gericht gestellte Mutter Frieb und Sauler wurden zu je zwölf Jahren Zuchthaus verurteilt. Die Todesurteile sind am 12. August 1943 in München-Stadelheim vollstreckt worden.

Bis zu meiner Verhandlung im Mai 1944 wurde ich im Dezember 1942 aus der Haft entlassen und versuchte in der Zwischenzeit, die auf uns zukommenden Gerichtsverhandlungen günstig zu beeinflussen und die Hinterbliebenen Bebos moralisch und wirtschaftlich zu unterstützen. Ich hielt weiterhin trotz der Drohung durch die Gestapo, daß dies meine Verhandlung ungünstig beeinflussen würde, engen persönlichen Kontakt mit der Familie Wager. Durch gegenseitige Aussprachen mit den angeschuldigten Genossen und dank der intensiven Hilfe meines Rechtsanwalts Dr. Reisert konnte ich die Verhandlung vorbereiten. Dr. Reisert wurde mir durch eine katholische Widerstandsgruppe, zu der mein Gefängnispfarrer Bruno Harder eine Verbindung herstellte, vermittelt.

Aufgrund des Schweigens meines Freundes Bebo und der Hilfe des katholischen Widerstandskreises wurde ich nur zu dreieinhalb Jahren Gefängnis verurteilt.

Am Ende meiner Urteilsbegründung steht der Satz: »Nach 1935 trat Nerdinger nicht mehr im Zusammenhang mit der illegalen Gruppe in Erscheinung. Sein Vorbringen, daß er sich im Herbst 1935 von der Sache zurückgezogen habe, weil er den Eindruck gewonnen habe, sie sei aussichtslos, ist glaubhaft, *jedenfalls kann sie nicht widerlegt werden.*«

Auf die Frage, was ich damals gefühlt habe in der Zeit des Widerstands, muß ich mit einem Gedicht, aus meinem 1977 erschienen Buch »Gedanke und Inbild« antworten:

Wachen in der Morgenfrühe

Du sitzt im Bett, hörst in die Nacht.
Wieviele solcher Nächte hat du gewartet,
hast ins Ungewisse hinein gefragt:
Werden sie heute kommen, mich zu holen?
Wie sie Morgen für Morgen die geholt haben,
die deine Freunde waren.
Der Morgen graut, du siehst dein Zimmer,
du siehst das Licht vor den Gardinen,
weißt, deine Mutter nebenan ist wach
wie du und frägt wie du,
werden sie heut kommen, mich zu holen?
Das Haus ist still, kein Laut des Lebens,
unruhig bist nur du und sie.
Werden sie heut kommen, mich zu holen?
Still ist die Straße, die Lampe bleich,
von fern die Uhren schlagen.
Werden sie heut kommen, mich zu holen?
Die Nachbarn schlafen.
Die werden sich nicht rühren,
wenn sie kommen und dich holen.
Die Stille schreit, wird unerträglich.

Wann endlich holt ihr mich und sie?
Ein Auto hält, Schritte im Hof,
es pocht, Lärm auf den Stufen.
Nun sind sie da.

Hans Heiß
Bilder aus Dachau

Am 20. März 1933, nach seiner Ernennung zum Münchner Polizeipräsidenten, gab Heinrich Himmler die Errichtung eines Konzentrationslagers in Dachau bekannt. In diesem ersten deutschen KZ waren Ende 1933 schon über 2000 politische Gefangene interniert. Generationen von SS-Schergen »lernten« in Dachau ihr schreckliches Handwerk, um es über ganz Europa, in über 1000 Konzentrationslagern und Nebenlagern zu verbreiten. Zu Kriegsbeginn 1939 waren allein 300 000 Antifaschisten – Kommunisten, Sozialisten, Sozialdemokraten, kirchliche und konservative Oppositionelle sowie Gewerkschafter – in KZs eingesperrt. In den Konzentrations- und ab 1942 planmäßigen Vernichtungslagern gab es von 1933 bis 1945 über zehn Millionen Tote!

Die Häftlinge, von denen der weitaus größte Teil Juden waren, dienten in nicht geringem Maße der großdeutschen Industrie als billige Arbeiter. So konnten Unternehmen Häftlinge »mieten«, ganze Zweigbetriebe wurden an Konzentrationslager angeschlossen. Das Lager Dachau hatte allein 33 Außenkommandos, in denen die Häftlinge in Rüstungsbetrieben, bei der Reichsbahn, in Webereien und Konservenfabriken, beim Zeppelinbau oder auf Gutshöfen zwangsweise eingesetzt wurden.

Berichte über die Zustände in den Konzentrationslagern sind heute unvermindert grauenhaft und erschütternd. Einer, der in Dachau war, ist Hans Heiß. Er war Mitglied der Gruppe Faltner in München, auch bekannt als »Mitropa-Gruppe«. Im Juni 1935 wurde er verhaftet, mangels Beweisen freigesprochen – aber umgehend ins KZ Dachau eingeliefert, in dem er bis August 1938 blieb.

Hans Heiß wurde 1906 in München geboren. Sein Vater war Sozialdemokrat, die Familie Mitglied bei den »Kinderfreunden«, einer sozialdemokratischen Organisation, die Ausflüge sowie Veranstaltungen durchführte, und die das Ziel hatte, die Kinder nach den Grundsätzen von Demokratie und Sozialismus zu erziehen.

Nach den Kinderfreunden kamen die »Falken« und die Sozialistische Arbeiterjugend, die SPD sowie der Arbeiterturn- und -sportverein. Hans Heiß war Mitglied im ersten Münchner Lehrlingsrat, er lernte Feinmechaniker und Optiker.

Nach der Machtergreifung durch die Nazis arbeitete er in einer Widerstandsgruppe, der sogenannten »Mitropa-Gruppe«. Die hatte ihren Namen durch Mitglieder der Zugspeisewagen bekommen, die Material des Widerstands hinüber und herüber über die Grenze transportierten. Als die Gruppe aufflog, verhaftete man im Juli 1935 auch Hans Heiß. Sein Prozeß wurde zwar mangels Beweisen eingestellt, aber er dennoch umgehend ins KZ Dachau in »Schutzhaft« genommen. Dort blieb er bis August 1938.

Im April 1939 wurde er in die »Höhle des Löwen« dienstverpflichtet, dem ehemaligen Buchgewerbehaus, in dem der »Völkische Beobachter« gedruckt wurde.

Ende 1945 war er dabei, als die ersten Gewerkschaften neu entstanden. Er wurde der erste Betriebsrat in einem amerikanischen Betrieb, keinesfalls zur ungetrübten Freude der Amerikaner. Nach einem Jahr auf der Akademie der Arbeit in Frankfurt ist er schließlich 1948 hauptamtlicher Gewerkschaftsfunktionär geworden. Hans Heiß berichtet:

1920 habe ich bei der Firma »Rodenstock« eine Lehre als Feinmechaniker und Optiker begonnen. Damals kam erstmals der Gedanke von Lehrlingsräten auf. Auch wenn die sich nicht lange halten konnten. Ich weiß noch zu gut, da war eine Versammlung in der Isartalstraße in einer Gaststätte, da wurden die ersten Lehrlingsräte gewählt, und da war ich natürlich mit dabei. Ich kam am nächsten Tag in den Betrieb und da begrüßte mich der Werkmeister schon: »Ach, guten Morgen, Herr Lehrlingsrat. Muß ich Sie in Zukunft fragen, wenn irgend was ist?« Der hat mich richtig auf den Arm genommen. Und ich hab's dann täglich zu spüren bekommen. Ich mußte als Feinmechanikerlehrling in einem optischen Betrieb sieben Wochen mit einer großen Feile Guß putzen, also so richtige Hilfsarbeiterarbeiten. Das war das Salz und der Pfeffer zu meinem Debüt als Lehrlingsrat.

1921 bin ich Mitglied der Gewerkschaft und 1924 Mitglied der SPD geworden. Ich war im Reichsbanner, der Kampforganisation der SPD. Den ersten Kontakt mit Nazis hatte ich, als die unsere Veranstaltungen und wir die ihren störten. Saalschlachten waren ab 1928/29 gang und gäbe. Ich hab damals die große Saalschlacht in Ramersdorf draußen miterlebt. Da hat die SA uns sauber zusammengeschlagen.

Oder wenn ich dran denk, wir hatten ein eigenes Turnerheim bis 1934. Wir haben gedacht, das könnten wir verteidigen. Wir haben uns verbarrikadiert mit Tischen und Stühlen da drin, und die SA kam mit Marschmusik und hat uns überfallen, daß alles dran war. Gegenüber auf einer Wiese stand eine Turnhalle der KPD, mehr nur eine Holzbaracke, die hatte ein paar Tage vorher schon lichterloh gebrannt.

Damals haben wir noch gedacht, wir könnten etwas aufhalten. Ich werde es nie vergessen: Ich war bei der letzten Sitzung der SPD im März 1933 im Gewerkschaftshaus dabei, wo Erhard Auer aufstand und sagte, Genossen, in wenigen Tagen ist der Spuk vorbei. Leider war dem nicht so.

Nach 1933 haben wir in München eine Zeitung herausgebracht, die hatte vier Seiten, etwas größer als DIN A 4, einmal gefalzt und die war von Widerstandskämpfern gesteuert.

Diese Zeitung hat quasi nur Nachrichten gebracht, so kleine Fünfzeiler, Sechszeiler, und die Redaktion arbeitete ganz legal. Weil die Zeitung offiziell vertrieben werden konnte, haben wir die als Basis benützt. Wir waren da so eine Handvoll junger Leute in Ramersdorf. Die Zeitung haben wir dann verteilt, also wie man so schön sagt, wir waren da hochoffiziell

Zeitungsträger, in Wirklichkeit haben wir mit dieser Zeitung nur den Kreis der Genossinnen und Genossen bei der Gelegenheit besucht. Wir wickelten mit der Zeitungsabgabe eben unser politisches Pensum ab. Wer weiß: Wie? Wo? Was? Das war eine Art Verständigungsring, wo man dann auch sofort unterrichtet war, da und dort sind wieder welche aufgeflogen, haben's wieder welche erwischt, und so ging das in die Runde. Das war an sich eine ganz gute Sache. Mittlerweile hat sich dann die Gruppe fest installiert. Das war die Gruppe um Franz *Faltner*, »Mitropa-Gruppe« genannt.

Die »Mitropa« war die damalige Speisewagengesellschaft. Unter deren Angestellten hatten wir viele Genossen. Da hatten wir z. B. ein Team im Rheingold, der von Holland nach der Schweiz fuhr und eins im Zug nach der Tschechoslowakei, und die haben Kontakt ins Ausland gehalten.

Damals gab es mittlerweile diese ganz kleinen Zeitungen auf Dünndruckpapier in Perl- und Minischrift, die waren nicht größer als eine Zündholzschachtel. Sie waren mit falschen Titeln getarnt, zum Beispiel gab es da ein Büchlein mit dem Titel »Die Kunst des Selbstrasierens«. Unsere Leute haben diese Sachen aus der Tschechoslowakei herübergebracht und hielten so den Kontakt mit der Exil-SPD, der SOPADE, mit Waldemar von Knoeringen. Dafür haben wir Informationen gesammelt, die dann drüben veröffentlicht wurden.

Eines Tages kam ich über einige Umwege in den Besitz von Fotos, die SS-Leute selbst in Dachau aufgenommen hatten. Darunter war das im nachhinein berühmt gewordene »Walzen-Foto«, auf dem Häftlinge des KZ Dachau eine schwere Walze ziehen mußten. Dieses Foto wurde in dem »Braun-Buch« veröffentlicht, das die SOPADE gegen das Naziregime herausgegeben hat. Diese Fotos hatten wir also auch durch unsere Genossen von der Mitropa rüber in die Tschechoslowakei bringen lassen. Im Speisewagen gab's den sogenannten Silberputzer – in einem Restaurant würde man sagen, Besteckputzer. Dieser Silberputzer hatte einen Bruder in Hamburg, der mittlerweile zur SA gewandert war. Irgendwie hat der sich entweder dem anvertraut oder ist er so dahintergekommen. Jedenfalls: Die Gestapo hat den Silberputzer für sich eingespannt. Die haben gesagt: »Du arbeitest ruhig weiter, aber alles, was du kriegst, kommt zuerst zu uns und dann geht das gut und gern weiter.« Das störte die nicht, daß da ein paar Sachen mehr rausgekommen waren. Für die war es die Hauptsache, daß sie damit den Kreis erfassen konnten. Und dann kam es auch so, daß sie gleich 40 von uns in einem Schub verhaftet haben.

Die Gestapo ist damals buchstäblich mit einem Omnibus durch Ramersdorf gefahren und hat unsere Leute der Reihe nach aufgeladen. Ich war damals bei diesem ersten Schwung noch nicht dabei. Am Abend bin ich rumgelaufen und habe herausgekriegt, wen sie geholt haben.

Einige Zeit später kommt ein Genosse zu mir, in aller Herrgottsfrühe, und sagt: »Es wäre das Beste, wenn du verschwindest. Wenn du willst, kannst du in 24 Stunden gehen.« Heldisch, wie ich damals war, ich war grad 27, habe ich gedacht, wo kommen wir hin, wenn alle gehen? Ich bleibe! Kam noch dazu, daß uns mittlerweile geläufig war, daß es den Emigranten draußen auch nicht immer grad zum Besten gegangen ist. Man mußte schon Rang und Namen haben, um als Emigrant draußen einigermaßen auf die Füße zu kommen. Und wir waren so junge Kerle, wir haben uns gesagt, sollen sie doch kommen. Wenn alle gehen, was soll's dann?

Im Juni 1935 sind sie dann gekommen. Einer von den Genossen aus der Gruppe hatte monatelang den Vernehmungen der Gestapo standgehalten, aber dann war er doch zusammengebrochen und hatte meinen Namen genannt.

Eines Morgens läutet es in der Früh um fünf bei mir, kommen zwei Mann rein, holen mich aus dem Bett raus und erklären mir, alles hätte da zu bleiben – der Vater mußte in seinem Zimmer bleiben, die Mutter in der Küche. Dann haben sie bei mir angefangen zu suchen, ob ich irgendwelche illegalen Sachen hätte. Ich habe alles verneint und war auch nicht so ungeschickt, irgend etwas daheim zu haben.

Wir hatten eine ziemlich große Wohnung. Die haben alles, von Zimmer zu Zimmer, was in Schränken und Schubladen war, auf den Boden geschüttet. In jedem Zimmer war so ein Haufen. Und dann mußte die Mutter noch mit auf den Spei-

Schreiben aus der Berliner Reichskanzlei an den Vater von Hans Heiß im Jahre 1938.

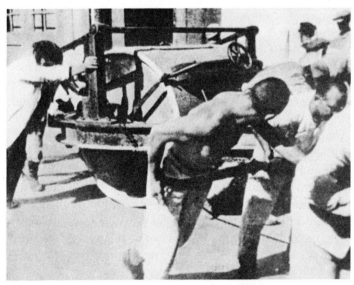

Dieses Walzenfoto aus Dachau wurde Heiß zugespielt, von ihm weitergeleitet und im »Braunbuch« der SOPADE veröffentlicht.

cher und in den Keller gehen. Das hat bis halb elf vormittags gedauert.

Ich wurde dann ins Wittelsbacher Palais gebracht zur Gestapo. Da hab ich meine erste Gastrolle gegeben bis zum Abend. Dann ging's los. Der Gestapomann hat mir einen Haufen Zeug vorgelegt. Das waren die Zeitungen und Flugblätter von draußen, die wir verteilt und vertrieben hatten. Die hat er mir der Reihe nach vorgelegt und mich gefragt, ob ich die kenne, was ich natürlich immer bejaht habe. Was sollte ich da sagen, das hatten wir eben bekommen, das lag im Briefkasten. Er aber wollte micht einschüchtern: »Du brauchst nicht mehr lange zu lügen, wir wissen ja, von wem du es gekriegt hast.« Dann legte er plötzlich die Fotografie von der Walze raus, einige andere dazu und fragte mich: »Kennen Sie die?«. Damals hat man ja Mut gehabt, sehr viel sogar – haben wir übrigens heut auch noch –, jedenfalls hab ich ganz dumm die Fotografien angeschaut, 30 waren es insgesamt, und hab gesagt: »Ja, die kenn ich schon, das ist der Sowieso und das ist der Sowieso«, hab also die Genossen alle aufgezählt, die auf den Fotos mit drauf waren. Dann hat er mich über den Kopf geschlagen und gesagt: »Nichts da, wir wollen wissen, wo die Fotos her sind.« Darauf habe ich gesagt: »Das weiß ich doch nicht.« Das ist dann so hin und her gegangen. Am Abend um sechs Uhr oder halb sieben haben sie mich dann nach Stadelheim rausgefahren. Da blieb ich einige Monate, zwischendurch waren wieder Vernehmungen. Mir war dann schon klar, denen ging das darum, wo die Fotos her sind. Das war der Angelpunkt in meiner Sache.

Am anderen Morgen in Stadelheim sah ich schon beim Hofgang sechs Mann in der blauen Uniform mit rotem Paspol, der Uniform der Speisewagen-Kellner, die hatten sie alle gleich in Uniform mitgenommen. Da war der Holzschuh Karli, der Riß Sepp, der Knecht, der Seitner – usw.

Bald darauf kam es zum Prozeß vor dem Zweiten Landesgericht München: Was sollte ich jetzt zu der Frage der Fotos sagen? Ich hab's nach wie vor abgelehnt und abgeleugnet.

Und das darf man jetzt ganz real nehmen: Das stand für mich fest, wenn es sein muß, dann geh ich wie viele andere vor mir den letzten Weg – denn die Genossen verraten, das konnte ich nicht, das war einfach unmöglich. Und ich nehme für mich in Anspruch: Ich war der letzte, Nr. 64 unserer Gruppe, der verhaftet worden ist. Nach mir wurde keiner mehr verhaftet. Ich nehm das nicht als Ruhmesblatt, sondern das war einfach nicht anders denkbar für mich.

Im April 1936 mußte ich wieder ins Wittelsbacher Palais. Da haben sie mir einen Zettel gegeben, auf dem hat es geheißen: Dem Angeklagten Heiß konnte eine hochverräterische Tätigkeit nicht nachgewiesen werden, jedoch konnte der Angeklagte Heiß das Gericht auch nicht vom Gegenteil überzeugen. Jetzt sage mir einer, wie soll ich das beweisen, wenn ich sage, ich hab keinen Hochverrat gemacht: Das ist ja an sich Unsinn, das ist ja Widersinn. Dann wurde mir eröffnet, damit mir weiter nichts passiert, wird veranlaßt, mich in »Schutzhaft« zu nehmen. Das war am 5. Mai 1936.

Da wußte man dann schon, was sein wird. Denn wer nach Dachau kam, der kam ja überwiegend über das Palais dort hin. Da fuhr in der Woche zweimal, Mittwoch und Samstag, der Omnibus. Man hat sofort gewußt, wenn der Omnibus mit dem weißen Dach unten stand, und sie haben einen zu dieser Stunde aus der Zelle geholt, jetzt geht's ab.

In Dachau mußte man sich vor dem Schubraum ausziehen und nackt aufstellen – wir waren etwa ein Dutzend bei dem Transport. Im Schubraum traf ich einen Genossen von früher wieder. Das erste war, daß der gleich zu mir hergestartet ist und mir geraten hat: »Trag auf, so dick du kannst. Dem seinen Revolver brauchst du nicht fürchten. Sag bloß nicht, daß du nicht weißt, warum du da bist.«

Der SS-Mann fragte mich: »Wegen was bist du denn da?« Ich hab prompt gesagt, wegen Vorbereitung zum Hochverrat. »Den treiben wir dir aus«, hat er gesagt. Damit hab ich für's erste meine Ruhe gehabt.

Der Häftling aber, der neben mir stand, hat mir leid getan. Er meinte, er müsse grundehrlich sein, wenn er das sei, könne ihm nichts passieren. Der wurde auch gefragt, wegen was er da wäre. Dann sagte der: »Ich weiß es eigentlich nicht.« Und schon hat er zwei kräftige Ohrfeigen gehabt. Das gab's für den

SS-Mann einfach nicht, daß die einen ins Lager raus bringen, der nicht weiß warum. So ging's schon an. Innerhalb weniger Sekunden ist der neben mir am Boden gelegen.

Dann mußte man zum Lagerkommandanten rein. Die hatten so eine Eigenart, daß sie meistens über Eck gesessen sind, so als ob sie Angst vor uns gehabt hätten. Er wollte auch wissen, wegen was ich da wäre. Ich sagte, Vorbereitung zum Hochverrat. Dann wollte er wissen, ob ich endgültig Abschied genommen hätte daheim und sagte: »Ich zähle bis drei, wenn du bis drei noch da herinnen bist, dann bist' überhaupt weg.« Dann langte er nach dem Revolver. So schnell hat der gar nicht bis drei zählen können, so schnell hab ich kehrt gemacht und bin rausgerauscht und habe bloß gehört, wie der hinter mir recht gegröhlt hat. Es ging schon ein bißchen sadistisch zu beim Zugang. Ich hab mir gesagt, bloß immer schauen, wie du durchkommst.

Ich war dann in der Schreinerei, es gab eine Maschinenschreinerei und eine Bankschreinerei. In der Bankschreinerei standen 64 Hobelbänke. Da haben wir auch Grenzhäuser gebaut. Der Hitler hat doch sofort überall an der Grenze, in übersehbaren Abständen, Grenzhäuser aufgestellt. Das waren schöne Holzhäuser. Die sind in Dachau zusammengebaut worden, sind dann mit diesen Brennstempeln numeriert worden. Und wenn so ein Haus fertig war, ist es zusammengelegt worden und auf den Transport gekommen. Da kann man sich ungefähr vorstellen, wie groß so eine Halle war.

In dieser Schreinerei gab's ein Kommando Turmbau, bei dem auch ich eine Zeitlang arbeitete. Beim Turmbau haben wir Fußböden gelegt, die Holzdecken gemacht, die Treppen eingebaut und die Schiebefenster oben, wo die MGs stehen.

Warum ich mich gerade auf dieses Kommando beziehe? Ich hab da mal eine schreckliche Geschichte mit einer Betonmaschine gesehen. Sie hatte eine große Schaufel, auf die kamen Kies und Zement drauf, das wurde hochgezogen und dann in die Trommel geschüttet. In ihr wurde beides gemischt, und es kam Beton raus.

Wir waren auf so einem Turm – zwangsläufig schauten wir gelegentlich ins Lager. Da sahen wir, wie ein SS-Mann einem

Häftling, der da geschaufelt hat, in den Hintern tritt. Der fällt auf die Schaufel drauf und der SSler läßt gleich hochziehen. Das war eine Schweinerei sondergleichen. Dann haben sie ihn wieder rausgeholt und mit dem Schubkarren weggefahren. Was mit ihm passiert ist, weiß ich nicht, er schien leblos.

Dann haben wir auch einmal folgendes gesehen: Da winkt einer einem Häftling und geht mit ihm um die Ecke von der Baracke, zieht einen Revolver raus und schießt ihn nieder. Dann geht er wieder um die Ecke, holt einen anderen Häftling, der den Toten mit der Schubkarre wegfährt. Da fragt man sich, warum? Was soll das?

Ich habe immer gedacht, naja, nach zwei Jahren wirst du wohl entlassen. Inzwischen war mir klar, du kannst ins Lager kommen und am nächsten Tag tot sein. Wie aber zwölf Jahre durchstehen? Es kommt ganz darauf an, wie die Organisation im Lager läuft, die Organisation der Genossen.

Wir waren der reinen Willkür der SS-Leute ausgeliefert. Ein Beispiel: Gibt ein SS-Mann vom Block A einem vom Block B, wo er nicht zuständig ist, eine Ohrfeige, dann geht der SS-Mann vom Block B zum Block A und haut dort auch einem Häftling eine runter.

Ich weiß noch gut, wie ein Genosse am Abend einmal zu mir kommt und sagt: »Jetzt bin ich in der Zwickmühle.« Frag ich: »Wieso?« Er darauf: »Jetzt kommt mein SS-Mann (sein Kommandoführer) daher, der muß eine Prüfungsaufgabe machen zur Beförderung und soll was über den Marxismus schreiben. Und jetzt sagt er, ich soll's ihm schreiben.« Ich habe ihm gesagt: »Schreib's ihm doch, was soll's denn? Wenn du's nicht machst, dann schmeißt er dich aus seinem Kommando raus, dann kannst' in den Steinbruch wieder reingehen, wenn dir das lieber ist.« Und dann hat der dem eine regelrechte Prüfungsarbeit geschrieben über den Marxismus vor 1933. Und der hat ihm danach sogar noch gesagt, er sei sehr gut damit weggekommen. So etwas gab's.

Ich hab einmal bei einem Zivilangestellten, den wir als Aufsicht in der Schreinerei hatten, ein bißchen arg losgelegt. Und das hat er dann verpfiffen. Schon war ich fällig. Ein Lagerfreund von mir war im Krankenrevier als Operationshelfer.

Der sagte: »Hans, da müssen wir jetzt was drehen.« Das war das Anliegen von dem ganzen Kreis in der Stube. »Du mußt aus der Schreinerei raus, da kann jetzt was passieren. Jedenfalls stehst schon auf dem Vormerkzettel.« Das ging dann höchst einfach. Die Genossen haben es geschafft, daß ich zur Untersuchung ins Revier zitiert wurde. Denn sonst – um Gottes willen alles, bloß nicht, sich von sich aus zum Arzt melden. Einmal haben wir so einem armen Irren gehabt, der wollte zum Zahnarzt gehen. Ich höre noch den SS-Mann, wie er geschrien hat: »Millionen haben nur noch einen Zahn. Marsch an die Arbeit.« Zum Arzt hat man sich nicht leicht selber gemeldet. Das ging einfach nicht. Da mußte schon was passiert sein. Offiziell war das schön deklariert, Arbeitskommando formiert, Schutzhaftlager angetreten, Zählappell in der Früh, dann Arbeitskommando formiert. Dann Arztmeldungen raus. Und wenn man nicht sowieso schon halb getragen worden ist, dann haben die ihre Therapie angewendet »Hüpfen«. Dann mußte man hüpfen. Deswegen hat sich keiner zum Arzt getraut, wenn es nicht unbedingt notwendig war.

Am nächsten Tag kommt der Blockälteste und sagt: »Heiß, was ist denn mit dir?« Frag ich: »Warum?« Sagt er: »Zum Arzt.« Dann bin ich ins Revier gegangen. Dort war das schon schön vorbereitet. Zur Untersuchung eines Lungeninfekts oder ähnlichem mußte ich einige Tage stationär bleiben. Damit war ich den Händen des SS-Oberscharführers aus der Schreinerei entzogen. Das hat der Genosse so eingefädelt, der hat zu seinem Oberarzt gesagt: »Ich kenne einen aus meiner Tätigkeit im Krankenhaus, der wäre geeignet für unser Revier.« Da ist der mit beiden Füßen gleich eingestiegen und hat gesagt, den holen wir uns, den können wir brauchen.

So wurde ich vom Schreinerhelfer zum Revierpfleger. Schon am andern Tag kam der Arzt daher und sagte, die Zeit ist vorbei, mit dem im Bett liegen. Auf, raus. Und die haben in die Kommandantur gemeldet, daß ich wegen Reviereignung Pfleger werde.

Der erste, der bei mir gestorben ist, war der Scharfrichter Anglmeier von Wien. Den haben die Nazis damals in Wien gekascht. Das war im Frühjahr 1938. Ich hab dann vom Revier aus die Leidenszüge der Österreicher, wie sie in Massen nach Dachau gekommen sind, als Pfleger mitbetreut, u. a. auch den Chef der Claqueure der Wiener Oper, Schostal.

Eines Abends sprach sich unter den Genossen herum: »Der Hans Heiß wird morgen entlassen.« Und in der Früh, kaum hat's zum Wecken gepfiffen gehabt, sprang einer direkt bei mir zum Fenster rein und sagt: »Du, pack deine Sachen.« Es war Otto Kläde, mein Blockältester. Sag ich: »Du spinnst ja wohl.« Sagt er: »Der Alois vom Schubraum hat mir's gesagt, du gehst heute.« Das hat den Vormittag noch gedauert. Und dann wurde ich tatsächlich zur Entlassung geholt.

Ich bin wieder ins Palais reingefahren worden, und dort haben wir eine Ansprache von einem SS-Mann gekriegt. Ich weiß noch gut, wie er gesagt hat: »Wir erwarten nicht, daß Sie Nationalsozialisten werden. Was wir aber erwarten, das ist Maul halten, denn Platz haben wir immer für Sie.« So ungefähr war der Abschied von da drinnen.

Erst mußte ich mich dann jeden Tag bei der Polizei melden und später jeden zweiten Tag.

Ich habe mich gleich bei meiner alten Firma wieder vorgestellt, und die konnten mich sofort wieder brauchen.

Jeden Morgen, bevor ich zur Arbeit bin, um Viertel nach sechs, bin ich über die Straße rüber und hab die Polizisten rausgeläutet, um meiner Meldepflicht zu genügen. Die haben mich vielleicht beschimpft. Die waren absolut wütend. Schließlich mußte ich mich nur noch alle vier Wochen melden. Zwischendrin kamen zusätzliche Kontrollen.

Durch ein riskantes Manöver und die Hilfe auch wieder von ehemaligen Genossen wurde ich dann ins ehemalige Buchgewerbehaus, der Druckerei des »Völkischen Beobachters«, in deren Hauswerkstatt dienstverpflichtet. Der Meister dort war alles andere als ein Nazi, der war sagenhaft. Der hat mich in seine Wohnung genommen und hat gesagt: »Sie können jede Fachliteratur haben, Sie müssen sich auf den Hintern setzen, damit ich nicht auffalle mit Ihnen, und müssen schauen, daß Sie möglichst rasch auch selbständig in die Nachtschicht gehen können.« Ich hab da buchstäblich nochmals das Lernen angefangen. Er hat mir aber auch einen guten Mann von der Werkstätte fürs Einarbeiten an die Seite gestellt und hat gesagt: »Der ist unterrichtet, Sie brauchen mit dem nicht viel zu reden, der redet mit Ihnen auch nicht viel. Das ist auch ein . . . – naja, also redet's nicht.«

Ich hab mich dort gut eingearbeitet. Bis zum Jahre 1944 war ich wehrunwürdig. Da kam dann die berühmte Goebbels-Aktion. Da mußte alles, was noch auf den Füßen stehen konnte, an die Front raus. Ich wurde zur Musterung in die Ettstraße beordert. Die haben sich alle angeschaut, ein 06er Jahrgang und noch nicht beim Barras.

Ein paar Tage später kommt meine Einberufung. Ich sollte bei der SS einrücken. Ich hab das dem Direktor Schwaiger gegeben. Der ist gleich los und nach zwei Tagen hat er dann Erfolg gehabt. Da waren wir ja schon so weit, daß es nur noch zwei Elektriker im ganzen Haus gegeben hat. Wir haben Tag und Nacht gearbeitet. Einer hat eine Woche am Tag gearbeitet, der andere in der Nacht und nach acht Tagen haben wir wieder gewechselt. Die Einberufung ist so glücklicherweise hinfällig gewesen. Es hat nochmal ein Vierteljahr gedauert, dann hätte ich nach Landsberg sollen zur Artillerie.

Ich sollte Mittag wegfahren. Die Mutter daheim: »Du mußt doch gehen.« »Naa«, sag ich, »wenn, dann komm ich halt zu spät.« Und ich hab gedacht, ich komm einen Tag später, dann sollen sie gleich mit dem Einsperren anfangen. Um halb sechs abends läutet's Sturm, kommt der Werkstättenmeister und sagt: »Gut, daß Sie noch da sind. Kommen Sie sofort zur Nachtschicht.« Da ist es dem Direktor Schwaiger nochmals gelungen, mich zurückstellen zu lassen.

Wir hatten mittlerweile schon zahlreiche gefangene Ausländer im Betrieb. Die haben bald gewußt, wer ich bin. Ich habe ein gutes Verhältnis zu ihnen gehabt. Obwohl, ich mußte natürlich vorsichtig sein, es wurde immer so gemunkelt, die Kommunisten sitzen in der Arbeit und die »Unsern« sind da draußen und so. Ich hab halt dann gute Miene zum bösen Spiel gemacht, aber ich bin kein Nazi geworden, kein Parteimitglied und gar nichts. Ich hab gesagt, auch dieser Kelch geht vorüber. Damals wußte man ja schon, daß es fünf Minuten vor zwölf war.

Die Freiheitsaktion Bayern hab ich im Betrieb erlebt, wie es losgegangen ist. Und da ich für die ganzen elektrischen Anlagen im Betrieb verantwortlich war, habe ich gleich sämtliche Gleichrichter rausgehaut, das Haus war ohne Strom. Das war im März/April 1945. Ich hätte mich beinah in den Finger geschnitten dabei, denn gleich darauf haben sie im Rundfunk bekanntgegeben, die Aktion ist niedergeschlagen, und es geht weiter, und der Direktor Schwaiger hat mich beschimpft, ich solle ihm doch in der letzten Viertelstunde das nicht noch antun. Ich müsse doch wissen, daß er mich doch mehr oder weniger im stillen protektioniert hat.

Wir haben also weitergearbeitet. Bis halt dann die Amis vor der Tür gestanden sind. Da habe ich gesagt, jetzt ist Feierabend, aus, und bin heimgegangen.

Zeittafel

1919

16. Oktober   Erste Massenveranstaltung der Deutschen Arbeiterpartei (DAP) mit Adolf Hitler

1920

8. August   Gründung der NSDAP

1921   Aufbau der SA

1923

8./9. November   Mißglückter Putschversuch Hitlers in München

23. November   Verbot der NSDAP

1924

1. April   Verurteilung Hitlers zu fünf Jahren Festungshaft

20. Dezember   Vorzeitige Entlassung Hitlers

1925

27. Februar   Wiedergründung der NSDAP

9. November   Gründung der SS (Schutzstaffel)

1930

14. September   Reichstagswahl: NSDAP 107 Mandate (vorher 12); SPD 143; KPD 77 von insgesamt 577

1932

31. Juli   Reichstagswahl: NSDAP 230 Mandate; SPD 133; KPD 89 von insgesamt 608

6. November   Reichstagswahl: NSDAP 196 Mandate; SPD 121; KPD 100 von insgesamt 584

1933

30. Januar	Hitler wird von Reichspräsident Hindenburg zum Reichskanzler ernannt
27. Februar	Reichstagsbrand
28. Februar	Notverordnungen, die die wichtigsten politischen Grundrechte der Weimarer Verfassung außer Kraft setzen
März	Sechs Millionen Arbeitslose in Deutschland
5. März	Reichstagswahlen: NSDAP 288 Mandate; SPD 120; KPD 81 von insgesamt 647
7. März	Die Kommunistische Partei Deutschlands (KPD) wird verboten; ihre Funktionäre kommen in »Schutzhaft« – ihnen folgen bald die ersten SPD-Funktionäre
9. März	Die NSDAP übernimmt die Macht in Bayern Der Reichsführer SS, Heinrich Himmler, wird Polizeipräsident in München Bildung der Geheimen Staatspolizei
23./24 März	Ermächtigungsgesetz
30. März	Das KZ Dachau wird eröffnet – es dient als Vorbild für alle weiteren
1. April	Die ersten Judenboykotte
2. Mai	Verbot der Gewerkschaften; SA und SS besetzen die Gewerkschaftshäuser; Gewerkschaftsfunktionäre kommen in »Schutzhaft«
9. Mai	Die Sozialdemokraten werden aus dem Münchener Stadtrat ausgeschlossen, der bayerische Landtag wird aufgelöst
10. Mai	Erste Bücherverbrennung auf dem Münchener Königsplatz, die Büros und das Vermögen der SPD werden beschlagnahmt
Mai	SPD-Parteivorstand geht nach Prag ins Exil; Beginn der SOPADE-Arbeit
18. Juni	Die erste Nummer des »Neuen Vorwärts« aus dem Exil erscheint

22. Juni	Die SPD wird verboten
Juli	»Selbstauflösung« der anderen Parteien
20. Juli	Reichskonkordat mit dem Vatikan
19. Oktober	Austritt Deutschlands aus dem Völkerbund

1934

Januar	Prager Manifest der SPD
2. August	Tod Hindenburgs
	Hitler »Führer und Reichskanzler«

1935

13. Januar	Saar-Abstimmung: 91 Prozent für Deutschland

1937

30. Januar	Verlängerung des Ermächtigungsgesetzes für vier Jahre, Ausschaltung der Juden aus dem öffentlichen Leben

1938

13. März	Einmarsch in Österreich
29. September	Münchener Abkommen; Besetzung des Sudentenlandes
9./10. November	Juden-Programe: »Reichskristallnacht«

1939

23. August	Hitler-Stalin-Pakt
1. September	Überfall der deutschen Wehrmacht auf Polen
	Beginn des Zweiten Weltkriegs
8. November	Attentat auf Hitler im Münchener Bürgerbräukeller

1940

10. Mai	Beginn des Westfeldzuges

1941

22. Juni	Beginn des Angriffs auf die Sowjetunion
20. Oktober	Erste Juden-Deportationen werden ange-ordnet

1942

20. Januar	Wannseebesprechung über die »Endlö-sung« der Judenfrage

1943

22. Februar	Hinrichtung der Geschwister Scholl von der Widerstandsgruppe »Weiße Rose« in München
31. März	Ende der Schlacht um Stalingrad

1944

20. Juli	Mißglücktes Attentat auf Hitler

1945

30. April	Selbstmord Hitlers in der Reichskanzlei in Berlin
9. Mai	Bedingungslose Kapitulation und damit Befreiung Deutschlands vom Nazi-Regime

Abkürzungen

ADGB	Allgemeiner Deutscher Gewerkschaftsbund
DAF	Deutsche Arbeitsfront
Gestapo	Geheime Staatspolizei
ISK	Internationaler Sozialistischer Kampfbund
KPD	Kommunistische Partei Deutschlands
KZ	Konzentrationslager
NSDAP	Nationalsozialistische Deutsche Arbeiterpartei
SA	Sturmabteilung
SAJ	Sozialistische Arbeiterjugend
SAP	Sozialistische Arbeiterpartei
SD	Sicherheitsdienst
SPD	Sozialdemokratische Partei Deutschlands
SS	Schutzstaffel
USPD	Unabhängige Sozialdemokratische Partei Deutschlands

Quellen

Widerstand und Verfolgung in Bayern, Katalog zur Ausstellung, Arbeitsgemeinschaft Bayerischer Verfolgtenorganisationen, München 1976

Nationalsozialismus im Münchner Osten 1919-1945, Hermann Wilhelm, Haidhauser Dokumentationsverlag, München 1980

Eugen Nerdinger, Flamme unter Asche, Augsburg 1979

Heike Bretschneider, Der Widerstand gegen den Nationalsozialismus in München 1933 bis 1945, Stadtarchiv München 1968

Friedrich-Ebert-Stiftung (Hsg.), Widerstand und Exil der deutschen Arbeiterbewegung, Verlag Neue Gesellschaft, Bonn 1982

Eberhard Aleff (Hsg.), Das Dritte Reich, Hannover 1970

Helga Grebing, Geschichte der deutschen Arbeiterbewegung, dtv, München 1979

Faschismus und Widerstand

Hans Dieter Baroth
Gebeutelt aber nicht gebeugt
Erlebte Geschichte

Dieter Bednarz,
Michael Lüders (Hrsg.)
Blick zurück ohne Haß
Juden aus Israel
erinnern sich an Deutschland
Mit einem Geleitwort
von Helmut Gollwitzer

Gerhard Beier
**Das Lehrstück
vom 1. und 2. Mai 1933**

Gerhard Beier
**Die illegale Reichsleitung der
Gewerkschaften 1933–1945**

Hermann Langbein
Pasaremos
Wir werden durchkommen
Briefe aus dem spanischen
Bürgerkrieg
Mit Illustrationen von
Hermann Langbein

Hermann Langbein
Die Stärkeren
Ein Bericht aus Auschwitz
und anderen Konzentrationslagern
Mit zahlreichen Abbildungen

Werner Lansburgh
Strandgut Europa
Erzählungen aus dem Exil
1933 bis heute

Heiner Lichtenstein
**Warum Auschwitz
nicht bombardiert wurde**
Eine Dokumentation
Vorwort: Eugen Kogon
Mit zahlreichen Fotos

Heiner Lichtenstein
**Raoul Wallenberg,
der Retter von hunderttausend
Juden**
Ein Opfer Himmlers und Stalins
Mit einem Vorwort
von Simon Wiesenthal und
acht Kunstdrucktafeln

Detlev Peukert
Die Edelweißpiraten
Protestbewegungen jugendlicher
Arbeiter im Dritten Reich
Eine Dokumentation

Detlev Peukert
**Volksgenossen und
Gemeinschaftsfremde**
Anpassung, Ausmerze und
Aufbegehren unter dem
Nationalsozialismus
Mit 59 Abbildungen
auf 24 Kunstdrucktafeln

Detlef Prinz,
Manfred Rexin (Hrsg.)
**Beispiele für aufrechten Gang
Willi Bleicher und
Helmut Simon**
Im Geiste Carl von Ossietzkys
Mit einem Beitrag von Rosalinde
von Ossietzky-Palm

Bund-Verlag